ZINELL · PAUGE

# Taschenbuch für Gemeinde- und Stadträte in Baden-Württemberg

# Taschenbuch für Gemeinde- und Stadträte in Baden-Württemberg

Grundwissen für kommunale Mandatsträger

von

Senator E. h. Dr. Herbert O. Zinell
Ministerialdirektor a. D., Oberbürgermeister a. D.,
ehemals Amtschef des Innenministeriums
Baden-Württemberg

und

Luisa Pauge
Dezernentin beim Gemeindetag Baden-Württemberg

17., aktualisierte Auflage, 2024

Bibliografische Information der Deutschen Nationalbibliothek |
Die Deutsche Nationalbibliothek verzeichnet diese Publikation
in der Deutschen Nationalbibliografie; detaillierte bibliografische
Daten sind im Internet über www.dnb.de abrufbar.

17. Auflage, 2024

ISBN 978-3-415-07552-8



Titelfoto: © Reema – stock.adobe.com | Satz: abavo GmbH, Nebelhornstraße 8,
86807 Buchloe | Druck und Bindung: Plump Druck & Medien GmbH,
Rolandsecker Weg 33, 53619 Rheinbreitbach

Richard Boorberg Verlag GmbH & Co KG | Scharrstraße 2 | 70563 Stuttgart
Stuttgart | München | Hannover | Berlin | Weimar | Dresden
www.boorberg.de

DAS GESETZ UND IHRE WAHL SIND IHRE VOLLMACHT,
IHRE ÜBERZEUGUNG UND IHRE ANSICHT
VOM GEMEINEN BESTEN DER STADT IHRE INSTRUKTION,
IHR GEWISSEN ABER DIE BEHÖRDE,
DER SIE RECHENSCHAFT ZU GEBEN HABEN.

*Freiherr vom Stein*

der Begründer der modernen deutschen Selbstverwaltung
in der Städteordnung von 1808 über die Stadtverordneten

# Vorwort

Die Gemeinden sind Grundlage und Glied des Staates. Im Aufbau unserer Demokratie und innerhalb unseres öffentlichen Lebens kommt ihnen eine besondere Bedeutung zu. Gemeinden haben im Rahmen der kommunalen Selbstverwaltung für das Wohl ihrer Einwohner zu sorgen. Die Umsetzung dieser Aufgabe ist Inhalt der Kommunalpolitik.

Dem Gemeinderat und seinen Mitgliedern kommt dabei die verantwortungsvolle Aufgabe zu, die Kommunalpolitik der Gemeinde zu bestimmen und zu tragen. Den in 1101 Städten und Gemeinden tätigen Gemeinderäten[1] – über 20.000 – kommt damit eine große Verantwortung zu. Ihrem Auftrag, das Wohl der Einwohner zu fördern, können sie nur gerecht werden, wenn sie die Aufgaben der Gemeinde, die Zuständigkeit des Gemeinderats sowie ihre gesetzlichen Rechte und Pflichten kennen. Mitglieder müssen mit der Form der Arbeit vertraut sein und die Regeln der Meinungsbildung innerhalb des Gemeinderats beherrschen.

Ziel des Taschenbuches ist es, den Gemeinderäten das dafür notwendige Rüstzeug an die Hand zu geben. Dabei beschränkt es sich nicht nur auf die gesetzlichen Regelungen und ihre Hintergründe. Es enthält auch wertvolle Hinweise und Anregungen aus den Erfahrungen der Praxis. Insbesondere werden die Regularien einer Gemeinderatssitzung intensiv besprochen.

Das Format als Taschenbuch ist so gewählt, dass es auch in den Sitzungen als Nachschlagewerk genutzt werden kann.

Das Taschenbuch gibt den aktuellen Stand (1.2.2024) der für die Gemeinden geltenden gesetzlichen Vorschriften wieder.

*im April 2024* — *Dr. Herbert O. Zinell*
*Villingen-Schwenningen und Karlsruhe,* — *Luisa Pauge*

---

1 In dem Taschenbuch wird wegen der besseren Lesbarkeit meist nur die männliche Form verwendet. Damit sind jeweils auch Personen weiblichen Geschlechts gemeint.

# Inhaltsverzeichnis

# 1 Wesen der Gemeinde

## 1.1 Aufgaben der Gemeinde

Die Gemeinden haben zur Aufgabe, das Wohl ihrer Einwohner zu fördern. Diese Selbstverwaltungsaufgabe nimmt der Gemeinderat in eigener Verantwortung wahr. Daneben sind den Gemeinden auch „staatliche" Aufgaben übertragen, die ausschließlich vom Bürgermeister verantwortet werden.

### 1.1.1 Selbstverwaltungsaufgaben

Die Gemeinden haben den verfassungsrechtlichen Auftrag, das Wohl ihrer Einwohner zu fördern.[2] Dieser Auftrag ist sehr allgemein gehalten und wird in zahlreichen gesetzlichen Regelungen präzisiert. Dabei ist bewusst davon abgesehen worden, das Aufgabenspektrum der Gemeinden abschließend zu beschreiben. Neuen Entwicklungen und veränderten Bedürfnissen könnte damit nicht angemessen Rechnung getragen werden. Die Kernanforderungen an das Verwaltungshandeln der Kommunen ergeben sich hauptsächlich aus sozialstaatlichen, ökonomischen, kulturellen, technischen und ökologischen Vorgaben. Das Aufgabenprofil der Kommunen lässt sich daher nicht nach einheitlichen Gesichtspunkten bestimmen. Jede Gemeinde hat für sich weitgehend eigenverantwortlich zu entscheiden, wie sie diese Kernanforderungen für ihre Einwohner umsetzen will.

Zu den wichtigsten Tätigkeitsfeldern zählen folgende Bereiche:

■ **Kommunale Infrastruktur**

Die Gemeinden haben die für das wirtschaftliche, soziale und kulturelle Leben erforderlichen öffentlichen Einrichtungen zu schaffen.[3] Diese kommunale Infrastruktur dient der Grundversorgung der Einwohner und leistet auch für die Daseinsvorsorge einen fundamentalen Beitrag. Als Beispiele sind aufzuführen:

Schaffung, Betrieb und Unterhaltung von

- Versorgungs-, Entsorgungs- und Verkehrseinrichtungen
- Sport, Erholungs- und Freizeiteinrichtungen

---

2 § 1 Abs. 2 Gemeindeordnung.

3 § 10 Abs. 2 Gemeindeordnung.

- Gesundheits- und sozialen Einrichtungen
- Erziehungs- und Bildungseinrichtungen

■ **Kommunale Planung**[4]

Das Recht zur gemeindlichen Planung wird durch verschiedene Planungsarten und -verfahren konkretisiert. Durch den Erlass von **Bauleitplänen** kann die Gemeinde selbst bestimmen, ob und auf welche Weise Grund und Boden der Gemeinde für Wohnung, Gewerbe, Verkehr und sonstige Zwecke genutzt werden kann. Die geordnete städtebauliche Entwicklung soll danach durch den Flächennutzungsplan als vorbereitenden Bauleitplan und den Bebauungsplan als verbindlichen Bauleitplan geschaffen werden. Die Finanzierung der vielfältigen Aufgaben wird durch den **Haushaltsplan**[5] gesichert. Daneben sind **Fachplanungen**, wie z.B. Verkehrsplanungen, Schulentwicklungsplanungen, zu erstellen.

■ **Kommunale Förderung**

Die Gemeinden können sich nicht nur darauf beschränken, im Rahmen der Infrastruktur Einrichtungen zu schaffen und die kommunale Aufgabenerfüllung planerisch zu bewältigen. Sie haben daneben einen vielfältigen Förderungsauftrag, der vor allem jene Bereiche erfasst, bei denen es um die Aktivierung der örtlichen Bevölkerung in der Freizeit und im Wirtschaftssektor geht. Ein großer Komplex ist die Kulturförderung. Die Entwicklung des kulturellen Lebens hat einen dreifachen Auftrag. Sie soll die Kommunikation der Bevölkerung fördern, Entfaltungsspielraum nutzen und die Einwohner zur Reflexion herausfordern. Neben der Sportförderung besitzt auch die Pflege von Städtepartnerschaften eine große Bedeutung. Auch ist anerkannt, dass die lokale Wirtschaftsförderung eine zentrale Gemeindeaufgabe ist.

■ **Kommunaler Umweltschutz**

Mehr denn je sorgen sich die Kommunen um den Schutz der natürlichen Lebensgrundlagen. Dabei stehen die Zukunftsvorsorge und die Verantwortung für die künftigen Generationen im Vordergrund. Durch umweltfreundliche Bauleitplanung, Aufstellung von Abfall- und Abwasserkonzepten, Energiewirtschaftskonzepten, der kommunalen Wärmeplanung,[6] Umweltberichten etc. können die Gemeinden zu einem verbesserten Umweltschutz beitragen. Die den Stadtkreisen übertragenen Aufgaben, z.B. im Bereich Wasserschutz oder Straßenbauverwaltung, fallen als Weisungsaufgaben in den ausschließlichen Zuständigkeitsbereich des Bürgermeisters.

---

4 Vgl. Hierzu S. 121 ff. dieses Taschenbuches.

5 Vgl. hierzu S. 101 dieses Taschenbuches.

6 Vgl. § 27 Klimagesetz Baden-Württemberg v. 7.2.2023.

- **Kommunale Sozialaufgaben**

Im Sozialstaat sind auch die Gemeinden dazu aufgerufen, soziale Gerechtigkeit und soziale Sicherheit zu verwirklichen. Gemeinden haben daher im Rahmen ihrer Zuständigkeiten die erforderlichen Einrichtungen und Dienste zur Verfügung zu stellen und entsprechende Aufklärung und Beratungskapazitäten bereitzuhalten. Wichtigste Aufgabe ist sicherlich die Sozialhilfe, die von den Stadt- und Landkreisen übernommen wird.

Im Hinblick auf die Einflussnahme des Landes werden diese Selbstverwaltungsaufgaben unterteilt in:

– **Freiwillige Aufgaben**
  Die Gemeinde bestimmt selbst, ob und wie sie diese Aufgaben übernehmen und erfüllen will. Dabei unterliegt sie nur einer auf die Rechtmäßigkeit beschränkten staatlichen Aufsicht. Die Zuständigkeit liegt grundsätzlich beim Gemeinderat.

  Jede Gemeinde kann selbst entscheiden, ob und in welchem Umfang kulturelle und sportliche Aktivitäten unterstützt, Freizeit-, Erholungs- und Verkehrseinrichtungen geschaffen werden.

– **Weisungsfreie Pflichtaufgaben**
  Den Gemeinden wird durch Gesetz (Bund/Land) die Pflicht auferlegt, bestimmte Aufgaben wahrzunehmen. Sie können dabei nicht mehr selbst entscheiden, ob sie diese Aufgaben erfüllen, sondern lediglich, in welcher Weise dies geschehen soll. Auch auf diesem Gebiet besteht nur eine Rechtsaufsicht des Staates. Die Zuständigkeit liegt grundsätzlich beim Gemeinderat.

  Jede Gemeinde muss ihren Bürgern Einrichtungen wie z.B. Friedhöfe, Abwasserbeseitigungsanlagen, Schulen, Kinderbetreuungseinrichtungen zur Verfügung stellen oder Bauleitpläne erlassen. Allerdings ist es ihr allein überlassen, wie sie dies umsetzt. Die Rechtsaufsicht kann nur überprüfen, ob eine Einrichtung vorgehalten wird.

### 1.1.2 Weisungsaufgaben

Neben dem Auftrag zur Förderung des Wohls der Einwohner haben die Gemeinden weitere Aufgaben zu erledigen, die ihnen von Bund oder Land zugewiesen worden sind. Die Gemeinden haben danach z.B. Personalausweise auszustellen, Standesamts- und Polizeiaufgaben wahrzunehmen. Insoweit sind sie als Träger der Hoheitsgewalt und nicht als Selbstverwaltungsträger tätig.

Bei diesen Weisungsaufgaben (Pflichtaufgaben zur Erfüllung nach Weisung) ist den Gemeinden sowohl das „Ob“ als auch das „Wie“ der Aufgabenerfüllung von Bund und Land vorgeschrieben. Die staatliche

Aufsicht geht über eine Rechtsaufsicht hinaus. Die Aufsichtsbehörden können den Gemeinden allgemein oder im Einzelfall auch Weisungen zur Zweckmäßigkeit der Aufgabenerledigung erteilen. Zuständig für deren Erledigung ist der Bürgermeister.

Die Gemeinden haben Aufgaben im Polizeibereich, Standesamt, Meldewesen, Gewerberecht, Baurecht, Natur- und Umweltschutzrecht zu erbringen. Die Gemeinde übernimmt hierbei „staatliche“ Aufgaben. Zuständig ist der Bürgermeister.[7]

## 1.2 Struktur der Gemeindeorgane

Gemeinden handeln durch ihre beiden Organe – Gemeinderat und Bürgermeister. Hauptorgan ist der Gemeinderat, es gilt für ihn der Grundsatz der Allzuständigkeit. Der Bürgermeister zeichnet sich für all jene Bereiche zuständig, die ihm ausdrücklich durch Gesetz oder Gemeinderatsbeschluss übertragen wurden.

Gemeinden sind juristische Personen, die nur durch ihre beiden Organe – Gemeinderat und Bürgermeister – handeln können. Die Kommunalverfassung in Baden-Württemberg ist durch die Unabhängigkeit und gesonderte Volkswahl ihrer beiden Organe geprägt.

Der Gemeinderat ist kein Parlament wie Bundestag und Landtag, sondern ein Organ der Verwaltung der Gemeinde. Die für Parlamente geltenden Gesichtspunkte hinsichtlich Regierung und Opposition sind deshalb nicht auf die Gemeinden übertragbar. Die Verwaltung der Gemeinde und die Kommunalpolitik sind wesentlich auf das Zusammenwirken der beiden Organe Gemeinderat und Bürgermeister angewiesen.

Beide Organe sind selbstständig und haben ihren eigenverantwortlichen, grundsätzlich voneinander unabhängigen Funktionsbereich. Es besteht zwischen ihnen kein Über- oder Unterordnungsverhältnis. Die Zuständigkeiten greifen ineinander über. Dadurch entsteht eine enge Verzahnung mit Wechselwirkungen in beiden Richtungen. Diese bergen nicht nur fruchtbare Impulse in sich, sondern sind auch geeignet, Spannungen und Konfliktsituationen hervorzurufen, die es in gemeinsamer Verantwortung und gegenseitigem Vertrauen zu bewältigen gilt. Kommunalpolitik zeichnet sich durch eine Zusammenarbeit ihrer Träger auf

7 § 44 Abs. 3 Satz 1 Gemeindeordnung.

der Grundlage der Toleranz und der Fairness aus. Dies prägt auch ihren eigenen politischen Stil, ihr Niveau und die Arbeitsatmosphäre.

### 1.2.1 Gemeinderat

Der Gemeinderat ist das Hauptorgan der Gemeinde und die Vertretung der Bürger.[8] Er besteht aus dem Bürgermeister als Vorsitzenden und den ehrenamtlichen Mitgliedern.

Der Funktionsbereich des Gemeinderats umfasst dabei:

- die **politische Vertretung der Bürgerschaft.**
- die **Grundsatzkompetenz,** d. h. dem Gemeinderat steht die kommunalpolitische Führung in der Gemeinde zu. Er bestimmt die Richtlinien für die Verwaltung der Gemeinde, an die der Bürgermeister und die Gemeindeverwaltung gebunden sind.
- alle **Entscheidungen,** soweit nicht nach gesetzlichen Vorschriften oder der Hauptsatzung der Bürgermeister zuständig ist. Ist es im Einzelfall zweifelhaft, wer zuständig ist, besteht eine Zuständigkeitsvermutung zugunsten des Gemeinderats.
- die **Kontrolle der Gemeindeverwaltung,** d. h. der Gemeinderat hat den Vollzug seiner Beschlüsse zu überwachen. Wenn Missstände in der Verwaltung der Gemeinde auftreten, hat der Gemeinderat dafür zu sorgen, dass sie beseitigt werden.

Zu den **wichtigsten Aufgabengebieten** des Gemeinderats zählen folgende Bereiche:

- **das Satzungsrecht**
  Die Gemeinde kann für ihren Wirkungsbereich Satzungen erlassen;[9] diese stellen Ortsrecht dar und sind materielle Gesetze wie Bundes- und Landesgesetze und -verordnungen. Sie haben lediglich einen örtlich beschränkten Geltungsbereich. Sie werden vom Gemeinderat beschlossen und sind öffentlich bekannt zu machen. Teils sind die Gemeinden zum Erlass von Satzungen verpflichtet, z. B. Satzung über öffentliche Bekanntmachungen[10] und Haushaltssatzung[11]; im Übrigen steht ihr Erlass und deren Inhalt im Ermessen der Gemeinde. Die wichtigsten Bereiche, in denen Satzungen erlassen werden, sind die Gemeindeverfassung (Hauptsatzung, Bekanntmachungssatzung), öffentliche Einrichtungen (Wasser-, Abwassersatzung usw., Anschluss- und Benutzungszwang), Bauplanung (Bebauungspläne) und Abgaben (Beiträge, Benutzungsgebühren, Verwaltungsgebühren).

8 § 24 Abs. 1 Satz 1 Gemeindeordnung.

9 § 4 Abs. 1 Gemeindeordnung.

10 Vgl. § 1 Abs. 1 Satz 2 Durchführungsverordnung Gemeindeordnung.

11 Vgl. § 79 Abs. 1 Satz 1 Gemeindeordnung.

- **das Etatrecht**
  Der Haushaltsplan wird als Teil der Haushaltssatzung vom Gemeinderat beschlossen. Die Befugnis zur Verfügung über die Haushaltsmittel (Bewirtschaftungsbefugnis) steht dem Gemeinderat zu, soweit sie nicht auf den Bürgermeister übertragen ist oder es sich um Geschäfte der laufenden Verwaltung handelt.
- **die Planungshoheit**
  Darunter fallen sowohl die Grundsatzplanungen, z.B. Gemeindeentwicklungsplanung, Flächennutzungsplanung, als auch die Fachplanung, z.B. Bebauungsplanung, Finanzplanung, Landschaftsplanung, und die Ausführungsplanungen.
- **die Personalhoheit**
  Die Gemeinde hat die zur Erfüllung ihrer Aufgaben erforderlichen und geeigneten Bediensteten einzustellen. Der Gemeinderat ist die für die Einstellung, Beförderung und Entlassung zuständige Stelle, soweit er diese Zuständigkeit nicht auf Ausschüsse oder den Bürgermeister übertragen hat oder es sich nicht um Geschäfte der laufenden Verwaltung handelt. Die Personalwirtschaft richtet sich nach dem Stellenplan, der Teil des Haushaltsplans ist.

### 1.2.2 Bürgermeister

Der Bürgermeister ist Mitglied und Vorsitzender des Gemeinderats, Leiter der Gemeindeverwaltung und gesetzlicher Vertreter der Gemeinde.[12]

Seine **Stellung im Gemeinderat** umfasst folgende Funktionsbereiche:

- **Vorsitz** im Gemeinderat und seinen Ausschüssen
  Der Bürgermeister ist vollberechtigtes, jedoch nicht bevorrechtigtes Mitglied des Gemeinderats. Zu seinem Aufgabenbereich gehören die Vorbereitung der Sitzungen, die Einberufung, die Leitung, der Sachvortrag und die Handhabung der Ordnung.
- **Widerspruchsbefugnis** gegen Beschlüsse des Gemeinderats und seiner Ausschüsse[13]
  Gesetzwidrigen Beschlüssen muss, nachteiligen Beschlüssen kann der Bürgermeister widersprechen. Der Widerspruch muss binnen einer Woche dem Gemeinderat bzw. dem Ausschuss gegenüber erklärt werden. Beim Widerspruch gegen einen Ausschussbeschluss geht die Entscheidung auf den Gemeinderat über. Gleichzeitig ist eine neue Sitzung einzuberufen, die spätestens drei Wochen nach der ersten Sitzung stattfinden muss. Verbleibt bei gesetzwidrigen Beschlüssen der Gemeinderat bei seiner Auffassung, so hat der Bürgermeister eine Entscheidung der Rechtsaufsichtsbehörde herbeizuführen. Nachteilige

12 § 42 Abs. 1 Gemeindeordnung.

13 § 43 Abs. 2 Gemeindeordnung.

Beschlüsse muss der Bürgermeister jedoch vollziehen, wenn sie vom Gemeinderat in der zweiten Sitzung bestätigt werden.

- **Eilentscheidungsrecht**[14]
  Sind Entscheidungen dringlich, sodass sie nicht bis zu einer Sitzung des Gemeinderats aufgeschoben werden können, steht dem Bürgermeister das Eilentscheidungsrecht zu. Die Eilentscheidung ist dem Gemeinderat bzw. dem Ausschuss unverzüglich bekannt zu geben.
- **Ersatzbeschlussrecht**
  Ist der Gemeinderat wegen Befangenheit oder mangelnder Teilnahme der Gemeinderäte auch in einer erforderlichen zweiten Sitzung beschlussunfähig, kann der Bürgermeister anstelle des Gemeinderats die Entscheidung selbst treffen. Vor seiner Entscheidung hat der Bürgermeister die nicht befangenen Gemeinderäte anzuhören.

Als **Leiter der Gemeindeverwaltung** hat der Bürgermeister folgende Zuständigkeiten:[15]

- Erledigung der **Geschäfte der laufenden Verwaltung,** d.h. solche Geschäfte, die mit einer gewissen Regelmäßigkeit wiederkehren und weder von der grundsätzlichen noch von der finanziellen Seite her für die Gemeinde erheblich sind, z.B. Beschaffung von Büromaterial, Heizöl.
- Erledigung der **Weisungsaufgaben**, soweit nicht ausdrücklich durch Gesetz der Gemeinderat für zuständig erklärt ist.
- **Organisationsrecht** für den inneren Aufbau der Verwaltung und die Gestaltung der Arbeitsabläufe durch allgemeine Dienstanweisungen, Einzelweisungen, Regelung des Dienstverkehrs usw. im Rahmen des Haushaltsplans und des Stellenplans.
- **Vollzug der Beschlüsse** des Gemeinderats und seiner Ausschüsse; dabei wird der Bürgermeister von den Beigeordneten in ihrem Geschäftskreis und von den Ortsvorstehern hinsichtlich der Beschlüsse des Ortschaftsrats ständig vertreten.
- **Befugnisse des Vorgesetzten,** des **Dienstvorgesetzten** und der **obersten Dienstbehörde** gegenüber den Gemeindebediensteten.
- **Mitwirkung bei Personalentscheidungen**
  Personalrechtliche Entscheidungen fallen grundsätzlich in den Zuständigkeitsbereich des Gemeinderats.[16] Gefasste Beschlüsse werden erst wirksam, wenn ergänzend der Bürgermeister sein Einvernehmen erteilt hat.
- **Erledigungskompetenz** für die ihm vom Gemeinderat durch die Hauptsatzung oder durch Gemeinderatsbeschluss **übertragenen Zuständigkeiten.**

---

14 § 43 Abs. 4 Gemeindeordnung.

15 § 44 Gemeindeordnung.

16 § 24 Abs. 2 Gemeindeordnung.

Um diese Fülle von Aufgaben erledigen zu können, sind dem Bürgermeister die erforderlichen Verwaltungseinrichtungen und das notwendige Personal zur Verfügung zu stellen. Die Organisation der Gemeindeverwaltung ist Sache des Bürgermeisters als Leiter der Gemeindeverwaltung unter Bindung an die vom Gemeinderat beschlossenen Grundsätze (Haushaltsplan, Stellenplan usw.).

Die Mitarbeiter der Gemeinden können als Beamte oder als Arbeitnehmer beschäftigt sein. Die Ausübung hoheitsrechtlicher Befugnisse ist als ständige Aufgabe in der Regel Beamten zu übertragen (Art. 33 Abs. 4 Grundgesetz). Der Kreis der davon betroffenen Aufgaben ist jedoch eng zu ziehen. In der Gemeindeverwaltung kann mit Ausnahme des Bürgermeisters, der Beigeordneten und des Ratschreibers jede Stelle auch wahlweise durch Arbeitnehmer ausgeübt werden. Insofern besteht für die Gemeinde ein Wahlrecht.

Zu den Unterschieden:

- Das Beamtenverhältnis als öffentlich-rechtliches Dienst- und Treueverhältnis kommt durch „einseitigen staatlichen Hoheitsakt“ zustande. Beamte unterliegen einem Streikverbot. Das Direktionsrecht gegenüber **Beamten** ist insbesondere durch die besondere Treuepflicht gegenüber dem Dienstherrn geprägt. Die Besoldung richtet sich nach der Besoldungsgruppe der jeweiligen Laufbahngruppe (Grundgehalt). Die Höhe des Grundgehalts wird nach Stufen bemessen. Das Aufsteigen bestimmt sich nach Zeiten dienstlicher Erfahrung (Erfahrungszeiten). Die Zulassung zu einer bestimmten Laufbahn und Laufbahngruppe setzt eine bestimmte Berufsausbildung und die entsprechende Laufbahnbefähigung voraus, die in der Regel durch einen Vorbereitungsdienst und das Bestehen der Laufbahnprüfung erworben wird.
- **Arbeitnehmer** befinden sich in einem vertraglichen Beschäftigungsverhältnis und unterliegen dem Tarifrecht. Die Vergütung der Arbeitnehmer richtet sich nach der Eingruppierung. Sie werden nach der tatsächlich ausgeübten Tätigkeit vergütet (Tarifautomatik). Es steht ihnen das Streikrecht zu.

Es gibt viele Untersuchungen zu der Frage, ob Beamte oder Angestellte für ihren Arbeitgeber Gemeinde „günstiger“ sind. Allerdings gibt es widersprüchliche Ergebnisse. Ein eindeutiger Vorteil für Beamte oder für Arbeitnehmer lässt sich somit nicht belegen.

Zahl, Art und Bewertung der Beamtenstellen und der nicht nur vorübergehend beschäftigten Bediensteten sind im **Stellenplan** zu bestimmen. Der Stellenplan ist Teil des Haushaltsplans.

Beigeordnete[17] sind in Gemeinden ab 10.000 Einwohner zulässig und bei Stadtkreisen zwingend vorgeschrieben. Diese sind Stellvertreter

---

17 § 49 Abs. 1 Gemeindeordnung.

des Bürgermeisters, sie werden vom Gemeinderat auf jeweils acht Jahre gewählt und haben einen zugewiesenen Geschäftskreis. Die Zahl der Beigeordneten bestimmt der Gemeinderat in der Hauptsatzung.

## 1.3 Aufsicht[18]

Gemeinden unterstehen der Aufsicht des Staates. Je nach Aufgabenart besteht eine Rechts- bzw. Fachaufsicht.

Im Bereich der freiwilligen Aufgaben und der weisungsfreien Pflichtaufgaben (Selbstverwaltungsaufgaben) unterliegt die Gemeinde der Rechtsaufsicht, im Bereich weisungsgebundener Pflichtaufgaben der Fachaufsicht. Die Aufsicht ist so auszuüben, dass die Entschlusskraft und die Verantwortungsfreudigkeit der Gemeinde nicht beeinträchtigt werden. Die Aufsichtsbehörden entscheiden nach ihrem Ermessen, ob sie eingreifen und mit welchen Mitteln sie dies tun.

Die **Rechtsaufsicht** beschränkt sich auf die Überwachung der Einhaltung der gesetzlichen Vorschriften durch die Gemeinden. Die **Fachaufsicht** geht darüber hinaus und umfasst außer der Rechtmäßigkeitskontrolle auch eine Zweckmäßigkeitskontrolle, wobei die Aufsichtsbehörde auch in das Ermessen der Gemeinde eingreifen und der Gemeinde Weisungen erteilen kann.

Die Mittel der Aufsicht sind gesetzlich bestimmt:

- das Recht auf **Information,**
- die **Beanstandung** von Beschlüssen und Anordnungen der Organe der Gemeinde (Gemeinderat, Ausschüsse, Bürgermeister),
- das **Anordnungsrecht,**
- die **Ersatzvornahme,** also die Durchführung von Handlungen anstelle der Gemeinde,
- die **Bestellung eines Beauftragten,** der anstelle der gemeindlichen Organe handelt.

Außer diesen Befugnissen sind den Aufsichtsbehörden **Mitwirkungsrechte** eingeräumt:

- Genehmigungs- und Vorlagepflichten.
- Ansprüche der Gemeinde gegen den Bürgermeister und gegen Gemeinderäte werden von der Rechtsaufsichtsbehörde geltend gemacht.

18 Vgl. §§ 118 ff. Gemeindeordnung.

- Eine Zwangsvollstreckung gegen die Gemeinde bedarf der Zulassung durch die Rechtsaufsichtsbehörde.
- Die Amtszeit des Bürgermeisters kann – wenn er den Anforderungen seines Amtes nicht mehr gewachsen ist – vorzeitig beendet werden.
- Die Haushalts-, Kassen- und Rechnungsführung wird durch die Aufsichtsbehörde oder die Gemeindeprüfungsanstalt geprüft.

Die Rechtsaufsichtsbehörde ist für die kreisangehörigen Gemeinden das Landratsamt, für die Großen Kreisstädte und die Stadtkreise das Regierungspräsidium; obere Rechtsaufsichtsbehörde ist das Regierungspräsidium, oberste das Innenministerium. Die Fachaufsichtsbehörden sind jeweils einzelgesetzlich bestimmt.

# 2 Gemeinderäte[19]

## 2.1 Rechtsstellung

Gemeinderäte sind für eine Amtszeit gewählte Mitglieder im Gemeinderat, ein vorzeitiges Ausscheiden ist nur unter bestimmten Voraussetzungen möglich. Sie erhalten eine Entschädigung. Eine Haftung für fehlerhaftes Handeln ist nicht ausgeschlossen.

Die Gemeinderäte sind keine Bediensteten der Gemeinde, sie sind ehrenamtlich tätig. Für sie gilt deshalb keine „Gehorsamspflicht“, es besteht keine Dienstaufsicht durch den Bürgermeister, und sie unterliegen nicht dem Dienststrafrecht wie die Beamten. Gemeinderäte werden nicht wie Beamte vereidigt, sondern vom Bürgermeister in der ersten Sitzung des neugewählten Gemeinderats öffentlich auf die gewissenhafte Erfüllung ihrer Amtspflichten verpflichtet.[20] Eine Form ist dafür in der Gemeindeordnung nicht vorgeschrieben, sie geschieht regelmäßig nach einer Unterrichtung über die Rechte und Pflichten der Gemeinderäte durch Handschlag. Es wird folgende Verpflichtungsformel empfohlen:

*„Ich gelobe Treue der Verfassung, Gehorsam den Gesetzen und gewissenhafte Erfüllung meiner Pflichten. Insbesondere gelobe ich, die Rechte der Gemeinde gewissenhaft zu wahren und ihr Wohl und das ihrer Einwohner nach Kräften zu fördern.“*

Die Verpflichtung ist nach jeder Wiederwahl zu wiederholen. Weigern sich Gemeinderäte, so können sie durch Beschluss des Gemeinderats mit Ordnungsgeld belegt werden.

### 2.1.1 Amtszeit

Die Amtszeit der Gemeinderäte beträgt fünf Jahre.[21] Sie kann z.B. bei Gemeinderäten, die als Ersatzperson in das Gremium nachgerückt sind, oder bei Ergänzungswahlen und Wahlanfechtungen auch kürzer sein.

---

19 In Städten führen die ehrenamtlichen Mitglieder des Gemeinderats die Bezeichnung „Stadtrat“, unter „Gemeinderäten“ werden nachstehend auch „Stadträte“ verstanden.

20 § 32 Abs. 1 Satz 2 Gemeindeordnung.

21 § 30 Abs. 1 Gemeindeordnung.

Die Amtszeit der neu- und wieder gewählten Gemeinderäte beginnt, wenn die Überprüfung der Wahl durch die Wahlprüfungsbehörde ohne Beanstandungen abgeschlossen wurde. Eine Wahlanfechtung durch Mitbewerber oder Wahlberechtigte hindert nicht den Amtsantritt, sofern die Gültigkeit der Wahl durch die Wahlprüfungsbehörde festgestellt wurde. Der Bürgermeister hat unverzüglich nach diesem Zeitpunkt zur ersten Gemeinderatssitzung einzuladen. Bis zum Zusammentritt des neuen Gemeinderates führt der Gemeinderat in seiner bisherigen Zusammensetzung die Geschäfte weiter.

Die Amtszeit endet mit Ablauf des Tages, an dem die regelmäßigen Wahlen zum Gemeinderat stattfinden.

Eine Selbstauflösung des Gemeinderats ist unzulässig, eine Abwahl durch die Bürger und eine Auflösung des Gemeinderats durch die Rechtsaufsichtsbehörde sind in der Gemeindeordnung nicht vorgesehen.

### 2.1.2 Ausscheiden aus dem Gemeinderat[22]

Gemeinderäte scheiden (außer durch Ablauf der Amtszeit oder durch Tod) **generell –** auch gegen ihren Willen – in folgenden Fällen aus dem Gemeinderat aus:

- bei **Verlust der Wählbarkeit;**
- durch Eintritt eines **Hinderungsgrundes;**
- wenn nachträglich festgestellt wird, dass Gemeinderäte **nicht wählbar** waren;
- durch **Verbot einer Partei** durch das Bundesverfassungsgericht;[23]
- durch Verbot einer Wählervereinigung nach Vereinsrecht;[24]
- bei **Eingliederung** eines Gemeindegebietsteils in eine andere Gemeinde, wenn Gemeinderäte in diesem wohnen, oder bei Eingliederung der ganzen Gemeinde in eine andere Gemeinde, wenn nicht nach § 9 Gemeindeordnung seine Zuwahl zu dem Gemeinderat der neuen Gemeinde erfolgt.

Gemeinderäte können auch **auf eigenen Wunsch** aus dem Gremium ausscheiden, wenn sie dies beantragen und ein gesetzlich vorgegebener wichtiger Grund vorliegt. Die Übernahme eines Gemeinderatsmandats enthält auch die Verpflichtung, dieses Amt auszuüben. Ein Ausscheiden ist daher nicht ins Belieben der einzelnen Gemeinderäte gestellt. Ob ein wichtiger Grund vorliegt, entscheidet der Gemeinderat. Er ist dabei in seiner Beurteilung nicht frei. § 16 Gemeindeordnung enthält eine beispielhafte Aufzählung der maßgebenden Gründe. Sonstige Gründe für

22 § 31 Gemeindeordnung.

23 § 31a Abs. 1 Gemeindeordnung.

24 § 31a Abs. 2 Gemeindeordnung.

ein Ausscheiden aus dem Gemeinderat müssen sich daran messen lassen. Der Antrag der Gemeinderäte kann formlos gestellt werden. Gemeinderäten, die ohne wichtigen Grund an den Sitzungen des Gemeinderats nicht mehr teilnehmen, kann ein Ordnungsgeld auferlegt werden.

Ein **wichtiger Grund** für das Ausscheiden liegt insbesondere dann vor, wenn Gemeinderäte

- ein geistliches Amt in einer anerkannten Religionsgesellschaft verwalten;
- ein öffentliches Amt bei Bund, Land, Kreis, Gemeinde oder einer anderen öffentlich-rechtlichen Körperschaft, z.B. Kirche oder Sparkasse, verwalten und die oberste Dienstbehörde feststellt, dass die Tätigkeit als Gemeinderat mit diesem Amt nicht zu vereinbaren ist;
- zehn Jahre dem Gemeinderat oder einem Ortschaftsrat angehört haben oder ein öffentliches Ehrenamt verwaltet haben, wobei mehrere solcher Ämter zusammenzurechnen sind;
- häufig oder langdauernd von der Gemeinde beruflich abwesend sind, z.B. als Handelsvertreter;
- anhaltend, nicht nur vorübergehend, krank sind;
- älter als 67 Jahre sind oder als Ehrenbeamte das 63. Lebensjahr vollendet haben;
- durch die Ausübung der Tätigkeit als Gemeinderat in der Fürsorge für die Familie erheblich behindert werden.

Scheiden Gemeinderäte aus der Partei oder der Wählervereinigung aus, auf deren Wahlvorschlag sie in den Gemeinderat gewählt wurden, führt dies nicht zum Verlust des Gemeinderatsmandats. Allerdings gesteht ihnen der Gesetzgeber zu, aus diesem Grund ein Ausscheiden zu verlangen. Der Gemeinderat muss dies als wichtigen Grund anerkennen.

### 2.1.3 Entschädigung[25]

Gemeinderäte erhalten für ihre Tätigkeit keinen Lohn. Sie haben lediglich einen Anspruch auf Ersatz ihrer **Auslagen** (z.B. Fahrtkosten zu den Sitzungen, Bürobedarf, Telefongebühren, Zeitschriften) und ihres **Verdienstausfalles** (z.B. Arbeitslohn, Minderung der Einnahmen bei selbstständiger oder nebenberuflicher Arbeit, Zeitversäumnis bei Personen, die keinen Verdienst haben und den Haushalt führen).

Allerdings wird die Entschädigung fast in keiner Gemeinde aufgrund von Einzelnachweisen separat abgerechnet. Dies wäre grundsätzlich möglich, jedoch sehr aufwendig. Für die Entschädigung werden vielmehr Pauschalen festgesetzt.

25 § 19 Gemeindeordnung.

### ■ Pauschalierung der Entschädigung

1. Es können **Durchschnittssätze** bestimmt werden, die den jeweiligen Zeitaufwand abgelten, z.B.
   bis zu 2 Stunden 30 €
   bis zu 4 Stunden 50 €
   Ein Nachweis der tatsächlich angefallenen Auslagen und des Verdienstausfalles erübrigt sich. Mit dieser Pauschale sind alle Aufwendungen abgegolten.
2. Die Gemeinde kann eine **Aufwandsentschädigung** vorsehen. Diese kann unterschiedlich ausgeprägt sein; als
   - monatlicher Pauschalbetrag,
   - monatlicher Grundbetrag und pauschales Sitzungsgeld.

   Die Höhe der Pauschalen ist vom jeweiligen konkreten Zeitaufwand unabhängig. Neben einer Aufwandsentschädigung bestehen keine weiteren Ansprüche auf Kostenersatz.

Die in der Gemeinde festgelegte Entschädigungsform und die Höhe eventueller Pauschalsätze kann der Satzung über die Entschädigung ehrenamtlich Tätiger entnommen werden.

### ■ Betreuung/Pflege

Aufwendungen für die entgeltliche Betreuung von pflege- oder betreuungsbedürftigen Angehörigen während der Ausübung der ehrenamtlichen Tätigkeit werden erstattet. Die Einzelheiten werden vom Gemeinderat durch die Entschädigungssatzung festgelegt.

### ■ Reisekosten/Unfallfürsorge

Für dienstliche Reisen kann den Gemeinderäten durch eine Satzungsregelung außer der Entschädigung für Verdienstausfall und des Ersatzes der Auslagen noch Reisekostenerstattung gewährt werden. Zugrunde gelegt werden dabei die für die Beamten geltenden Reisekostenbestimmungen.

Die Reisekosten setzen sich zusammen aus

a) **Tagegeld** (neben dem Pauschalbetrag für Verdienstausfall) bei einer Dauer der Reise von mindestens
   8 Stunden 6 €
   14 Stunden 12 €
   voller Kalendertag 24 €
   Bei unentgeltlicher Verpflegung von Amts wegen werden diese Sätze gekürzt.
b) **Übernachtungsgeld**
   Bei auswärtiger Übernachtung wird ohne Nachweis ein Übernachtungsgeld von 20 € erstattet.
   Entstehen tatsächlich höhere Auslagen, können diese geltend gemacht werden.

c) **Fahrtkostenentschädigung**
Für mit öffentlichen, regelmäßig verkehrenden Beförderungsmitteln zurückgelegte Strecken werden die tatsächlich entstandenen Auslagen vergütet.
Bei Benutzung privateigener Fahrzeuge können ebenfalls die für Beamte geltenden Richtlinien zugrunde gelegt werden. Danach beträgt die regelmäßige Wegstreckenentschädigung je km bei Benutzung von Kraftfahrzeugen 30 bzw. 35 Cent und bei der Nutzung eines Fahrrades, E-Bike oder Pedelec 25 Cent je Kilometer.[26]

d) Ersatz der **Nebenkosten**
Nebenkosten werden auf Nachweis getrennt und zusätzlich erstattet, z.B. Gepäckaufbewahrungskosten, Versicherung usw.
Gemeinderäte sind in der **Unfallfürsorge** bei Dienstunfällen den Ehrenbeamten der Gemeinde gleichgestellt.[27] Der Unfallschutz erstreckt sich sowohl auf Arbeits-(Dienst-)Unfälle bei einer dienstlichen Verrichtung (Sitzung, Dienstreise, Besichtigung) als auch auf Unfälle, die auf dem Weg zu oder von einer solchen dienstlichen Verrichtung sich ereignen (Wegeunfälle).
Die Unfallversicherung erstattet den Schaden, der durch Tötung, Körperverletzung oder Beschädigung eines Körperersatzstückes entsteht. Schmerzensgelder werden nicht gewährt, Sachschäden können ersetzt werden. Als Leistungen werden bei Verletzungen Heilbehandlung, Haushaltshilfe, Teilhabeleistungen etc. bezahlt und bei tödlichen Verletzungen oder späterem Tod als Folge des Unfalls Hinterbliebenenleistungen.
Der Gemeinde ist es freigestellt, darüber hinaus zusätzliche Unfallversicherungen für die Gemeinderäte abzuschließen.

## ■ Entschädigung und Steuerpflicht

Die an die Gemeinderäte ausbezahlten Entschädigungen unterliegen der Einkommensteuerpflicht. Entschädigungen führen allerdings nur zu einer höheren Steuerbelastung, soweit sie die Höhe der mit der Gemeinderatsarbeit verbundenen Aufwendungen übersteigen. Die Finanzbehörden erkennen allgemein die folgenden Aufwendungen an:

1. Die Entschädigung für Gemeinderäte und Ortschaftsräte ist bis zu der nachfolgend angegebenen Höhe steuerfrei. Maßgebend sind dabei die Einwohnerzahlen der Gemeinde bzw. Ortschaft.

26 § 5 Landesreisekostengesetz.

27 § 32 Abs. 4 Gemeindeordnung.

| Gemeinden/ Ortschaften mit | | monatlich | jährlich |
|---|---|---|---|
| bis zu | 50.000 Einwohnern | 250 € | 3.000 € |
| | 50.001–150.000 Einwohnern | 250 € | 3.000 € |
| | 150.001–450.000 Einwohnern | 307 € | 3.684 € |
| mehr als | 450.000 Einwohnern | 367 € | 4.404 € |

Im Laufe eines Jahres erhält ein Gemeinderat Entschädigungen in Höhe von 1.600 €. Die Entschädigung muss in der persönlichen Einkommensteuererklärung aufgenommen werden. Durch den Freibetrag in Höhe von 3.000 € erfolgen jedoch keine Steuerabzüge.

2. Für Fraktionsvorsitzende und Ortsvorsteher erhöhen sich die Beträge. Begünstigt sind Fraktionsvorsitzende, deren Fraktion mindestens zwei Mitglieder umfasst. Der Begriff „Fraktion" ist nicht von der in einer Geschäftsordnung des Gemeinderates festgelegten Mindestzahl abhängig. Ehrenamtliche Ortsvorsteher können in gleicher Höhe pauschalen Aufwand geltend machen.
   Die Entschädigung ist bis zu folgender Höhe steuerfrei:

| Gemeinden/ Ortschaften mit | | monatlich | jährlich |
|---|---|---|---|
| bis zu | 20.000 Einwohnern | 250 € | 3.000 € |
| | 20.001–50.000 Einwohnern | 398 € | 4.776 € |
| | 50.001–150.000 Einwohnern | 490 € | 5.804 € |
| | 150.001–450.000 Einwohnern | 561 € | 7.368 € |
| mehr als | 450.000 Einwohnern | 734 € | 8.808 € |

3. Erstattet eine Gemeinde auch Fahrtkosten von der Wohnung zum Sitzungsort und zurück, wird dies als weitere steuerfreie Aufwandsentschädigung anerkannt. Bei Benutzung eines eigenen Kraftfahrzeugs ist die Wegstreckenentschädigung nach dem Landesreisekostengesetz maßgebend.

Mit diesen Beträgen sind alle Aufwendungen abgegolten, die mit einer ehrenamtlichen Tätigkeit zusammenhängen. Ein Gemeinderat kann jedoch auch über diese Betragsgrenzen hinaus Aufwendungen geltend machen, wenn er sie gegenüber dem Finanzamt glaubhaft machen bzw.

nachweisen kann. Insoweit können die tatsächlich entstandenen höheren Aufwendungen berücksichtigt werden.

Nicht ausgeschöpfte Monatsbeträge können in anderen Monaten desselben Jahres nachgeholt werden. Der steuerfreie Jahresbetrag kann allerdings nur in voller Höhe angesetzt werden, wenn die Mitgliedschaft im Gemeinderat/Ortschaftsrat das ganze Jahr bestanden hat. Entschädigungen, die an Gemeinderäte für ihre Tätigkeit in Organen wirtschaftlicher Unternehmen bezahlt werden, wie z.B. eine städtische GmbH, sind voll steuerpflichtig, und zwar auch dann, wenn diese Vergütungen aufgrund eines Beschlusses des Gemeinderats an die Gemeinde abzuführen sind. Die abgeführten Beträge stellen dann Werbungskosten aus dieser Tätigkeit dar.

### 2.1.4 Verantwortung und Haftung

Die Gemeinderäte haben für die von ihnen getroffenen Entscheidungen die Verantwortung zu tragen. Bei Beschlüssen, die rechtswidrig oder für die Gemeinde nachteilig sind, können die Gemeinderäte in Ausnahmefällen haftbar gemacht werden, wenn sie schuldhaft gehandelt haben. Dies gilt auch für die Tätigkeit von Gemeinderäten außerhalb von Sitzungen.

- Verletzen Gemeinderäte ihre Pflichten, so kann sich eine **privatrechtliche Haftung** auf Schadensersatz nach den Vorschriften des Bürgerlichen Gesetzbuches (§§ 823, 826) ergeben, wenn der Gemeinde oder einem Dritten ein Schaden an Leben, Körper, Gesundheit, Freiheit, Eigentum oder an einem sonstigen Recht entstanden ist. Soweit Gemeinderäte in Ausübung ihres Amts tätig geworden sind, tritt bei der Haftung gegenüber Dritten grundsätzlich die Gemeinde an ihre Stelle (§ 839 Bürgerliches Gesetzbuch, Art. 34 Grundgesetz).

  Ein Gemeinderat berichtet im Freundeskreis, dass Unternehmer A für seine Gewerbesteuerforderung einen Stundungsantrag gestellt hat. Er hat damit seine Verschwiegenheitspflicht verletzt. Entsteht dem Unternehmer A dadurch ein Schaden, kann er den betroffenen Gemeinderat persönlich haftbar machen.

  Der Gemeinderat als Organ verweigert Ausnahmen zu einem Baugesuch. Das Verwaltungsgericht entscheidet, dass die Ablehnung rechtswidrig war. Der Unternehmer prüft, inwieweit er Schadensersatzansprüche geltend machen kann. Diese sind ausschließlich gegen die Gemeinde gerichtet, nicht gegen ein einzelnes Mitglied des Gemeinderats.

- **Für strafrechtliche Handlungen** der Gemeinderäte gelten nach überwiegender Auffassung die Vorschriften des Strafgesetzbuches, nach denen für Amtsträger besondere oder strengere Straftatbestände vorgesehen sind, z.B. Bestechlichkeit, Rechtsbeugung, Urkundenfälschung, Falschbeurkundung, Verrat von Staatsgeheimnissen.

Ein Gemeinderat nimmt von einem Bauherrn ein Geschenk an, verbunden mit der Erwartung, sich bei der Abstimmung im Gemeinderat in seinem Sinne einzusetzen. Dies kann den Straftatbestand der Vorteilsnahme (§ 331 Strafgesetzbuch) erfüllen.

- Bei Verstößen gegen die in der Gemeindeordnung (§§ 16 und 17) aufgestellten Pflichten kann ein **Ordnungsgeld** verhängt werden. Pflichtverletzungen sind z.B. Verstöße gegen die Mitwirkungspflicht, die Verschwiegenheitspflicht und das Vertretungsverbot.

## 2.2 Rechte der Gemeinderäte

Damit die Gemeinderäte die zugewiesenen Aufgaben wahrnehmen können, verfügen sie über gesetzlich verankerte Rechte. Diese sind als Einzelrechte ausgestaltet und von der Gemeinderätin bzw. dem Gemeinderat selbst wahrzunehmen. Es gibt auch Minderheitenrechte, die nur gemeinsam mit anderen Gemeinderäten ausgeübt werden können.

### 2.2.1 Einzelmitgliedschaftsrechte

Den einzelnen Gemeinderäten stehen aufgrund ihrer Wahl folgende **Einzelmitgliedschaftsrechte** zu:

- das **Recht auf Ausübung des Amtes.**
  Niemand darf gehindert werden, das Amt eines Gemeinderats zu übernehmen und auszuüben. Eine Kündigung oder Entlassung aus einem Dienst- oder Arbeitsverhältnis, eine Versetzung an einen anderen Beschäftigungsort und jede sonstige berufliche Benachteiligung aus diesem Grunde ist unzulässig. Stehen Gemeinderäte in einem Dienst- oder Arbeitsverhältnis, ist ihnen vom Arbeitgeber die für die Tätigkeit erforderliche freie Zeit zu gewähren.[28]
- das **Recht auf Mitwirkung** im Gemeinderat durch Einberufung zu den Sitzungen, Teilnahme an den Sitzungen, Worterteilung, Antragstellung und Stimmabgabe – soweit sie nicht befangen sind – sowie auf die Abgabe von Erklärungen.

28 § 32 Abs. 2 Gemeindeordnung.

- das **Fragerecht** gegenüber dem Bürgermeister in Angelegenheiten der Gemeinde.[29]
- das **Einsichtsrecht** in den Prüfungsbericht der überörtlichen Prüfung.[30]

### 2.2.2 Minderheitenrechte

Gruppen von Gemeinderäten stehen folgende **Minderheitenrechte** zu:

- das Recht auf **Einberufung** einer Gemeinderatssitzung sowie ein Auskunfts- und Akteneinsichtsrecht zugunsten eines Viertels der Gemeinderäte.[31]
- das Recht zur Erweiterung der Tagesordnung des Gemeinderats sowie zur Unterrichtung des Gemeinderats auf Antrag einer Fraktion bzw. eines Sechstels der Gemeinderäte.[32]
- das Recht eines Viertels der Mitglieder eines beschließenden Ausschusses zur **Verweisung** einer Angelegenheit von besonderer Bedeutung für die Gemeinde aus dem Ausschuss in den Gemeinderat, wenn dies in der Hauptsatzung vorgesehen ist.
- das Recht einer Fraktion bzw. eines Sechstels der Mitglieder des Gemeinderates zur **Verweisung** einer Angelegenheit aus dem Gemeinderat an einen Ausschuss zur Vorberatung, wenn dies in der Hauptsatzung vorgesehen ist.[33]

Die Einzelmitgliedschaftsrechte und die Minderheitenrechte können von den betroffenen Gemeinderäten vor den Verwaltungsgerichten eingeklagt werden; auch eine Anrufung der Rechtsaufsichtsbehörde ist möglich.

## 2.3 Pflichten der Gemeinderäte

Die Gemeinderäte übernehmen mit ihrer Wahl bestimmte Pflichten. Neben der Pflicht zur Mitwirkung in den Gemeinderatssitzungen und der Pflicht dort frei und unbeeinflusst zu entscheiden, sind vor allem das Vertretungsverbot und die Verschwiegenheitspflicht zu beachten.

29 § 24 Abs. 4 Gemeindeordnung.

30 § 114 Abs. 4 Satz 2 Gemeindeordnung.

31 §§ 34 Abs. 1 Satz 3 und 24 Abs. 3 Satz 2 Gemeindeordnung.

32 §§ 34 Abs. 1 Satz 4 und 24 Abs. 3 Satz 1 Gemeindeordnung.

33 § 39 Abs. 4 Satz 2 Gemeindeordnung.

Als Grundpflicht gilt die **allgemeine Treuepflicht**.[34] Die Gemeinderäte haben ihr Amt gewissenhaft und verantwortungsbewusst, uneigennützig und ordnungsmäßig wahrzunehmen und die Interessen der Gemeinde zu vertreten. Sie haben demnach alles zu unterlassen, was die Interessen oder die Belange der Gemeinde schädigen oder beeinträchtigen könnte.

Das Recht und die Pflicht, die Interessen der Gemeinde wahrzunehmen, üben die Gemeinderäte durch die Teilnahme an den Beratungen und den Beschlussfassungen aus. Die unmittelbare Beeinflussung der Gemeindeverwaltung steht ihnen nicht zu. Es widerspricht der Treuepflicht und den demokratischen Grundsätzen, wenn ein Mitglied des Gemeinderats einen ordnungsgemäß zustande gekommenen Gemeinderatsbeschluss in seinen Wirkungen zu vereiteln versucht.

### 2.3.1 Mitwirkungspflicht

Gemeinderäte unterliegen der Verpflichtung, den übernommenen Wählerauftrag auch tatsächlich zu erfüllen. Daraus resultiert die Teilnahme- und Mitwirkungspflicht an den Sitzungen und Verhandlungen des Gemeinderats. Es ist Gemeinderäten deshalb nicht freigestellt, beliebig zu den Sitzungen zu erscheinen oder diese vorzeitig wieder zu verlassen.[35]

> Ein Gemeinderat kann einer Sitzung nur fernbleiben, wenn er dafür einen ausreichenden Grund hat, z.B. Erkrankung, unaufschiebbare Reisen. Starke berufliche Inanspruchnahme ist im Allgemeinen kein ausreichender Grund. Gemeinderäte, die nicht oder nicht rechtzeitig zu den Sitzungen erscheinen können, sollten dies dem Vorsitzenden rechtzeitig mitteilen.
>
> Wiederholtes Fehlen ohne ausreichenden Grund ist eine Pflichtverletzung, die der Gemeinderat durch Ordnungsgeld ahnden kann.

Die Mitwirkungspflicht der Gemeinderäte geht über eine bloße Teilnahmepflicht hinaus. Gemeinderäte sind verpflichtet, nach bestem Wissen und Gewissen an den Beratungen und Beschlussfassungen des Gemeinderats mitzuwirken. Es ist die aktive Mitarbeit und der volle Einsatz des Könnens und Wissens einschließlich persönlicher Erfahrungen und besonderer Sachkunde zu fordern. Dazu zählt auch, notfalls Beschlüsse anzuregen oder vorzubereiten und in den Ausschüssen des Gemeinderats mitzuarbeiten.

---

34 § 17 Abs. 1 Gemeindeordnung.

35 § 34 Abs. 3 Gemeindeordnung.

Der Gemeinderat ist wie allgemein die öffentliche Verwaltung und jeder in der öffentlichen Verwaltung Tätige an die Gesetze gebunden. Die Gemeinderäte unterliegen ausdrücklich der Pflicht, die Gesetze zu beachten. Sie tragen daher die volle Verantwortung für rechtmäßiges Handeln. Gemeinderäte dürfen nicht für Anträge stimmen, von denen ihnen bekannt ist, dass sie den Gesetzen widersprechen.

Steht Gemeinderäten bei einer Entscheidung Ermessen zu, so darf dieses Ermessen nicht missbraucht werden. Es ist entsprechend dem Sinn und Zweck des Gesetzes auszuüben.

### 2.3.2 Gebot der freien Entscheidung

Bei allen Wahlen und Abstimmungen haben die Gemeinderäte im Rahmen der gesetzlichen Vorschriften nach ihrer freien, nur durch das öffentliche Wohl bestimmten Überzeugung zu entscheiden.[36] An Verpflichtungen und Aufträge, die diese Freiheit der Abstimmung einschränken oder aufheben, sind sie nicht gebunden. Festlegungen vor der Wahl zum Gemeinderat sind nichtig, auch wenn sie in verbindlicher Form abgefasst sind. Nach diesem Grundsatz des **freien Mandats** sind Gemeinderäte – wie Bundestags- und Landtagsabgeordnete – Vertreter der ganzen Bevölkerung, auch wenn sie nur von bestimmten Kreisen oder Gruppen der Bürgerschaft in den Gemeinderat gewählt worden sind. Sie haben sich deshalb nicht für die Interessen einzelner Personen oder Gruppen einzusetzen, sondern für das Gemeinwohl. Fraktionszwang ist unzulässig.

Gemeinderäte scheiden nicht automatisch aus dem Gemeinderat und dessen Ausschüssen aus, wenn sie aus einer Partei oder Wählervereinigung (Fraktion) ausscheiden.[37] Sie können nicht zum Rücktritt gezwungen werden. Parteidisziplinäre Maßnahmen gegen Gemeinderäte, mit denen ein bestimmtes Abstimmungsverhalten geahndet werden soll, sind unzulässig.

### 2.3.3 Vertretungsverbot

Gemeinderäten ist es untersagt, Ansprüche oder Interessen anderer Personen gegen die Gemeinde geltend zu machen.[38] Dies gilt nicht, wenn sie als deren gesetzliche Vertreter handeln. Gemeinderäte sind aufgrund ihrer Treuepflicht gehalten, die Interessen der Gemeinde zu vertreten und zu wahren. Sie können daher nicht gleichzeitig Interessen und Ansprüche Dritter vertreten, die gegen die Gemeinde gerichtet sind. Dieses Vertretungsverbot gilt für alle Aufgaben der Gemeinde, unabhängig davon, ob die Vertretung entgeltlich oder unentgeltlich,

---

36 § 32 Abs. 3 Gemeindeordnung.

37 Vgl. hierzu S. 24 in diesem Taschenbuch.

38 § 17 Abs. 3 Gemeindeordnung.

berufsmäßig oder aus Gefälligkeit, aufgrund förmlicher Vollmacht oder formlos, vor Gericht oder außergerichtlich erfolgt; dies gilt nicht für Sühneversuchs- und Bußgeldverfahren. Es fallen alle Ansprüche und Interessen dritter Personen darunter, die gegen die Gemeinde gerichtet sind. Damit sind nicht nur Ansprüche im rechtlichen Sinne gemeint, sondern Interessen aller Art, z.B. auch ideelle. Eigene Ansprüche oder Interessen dürfen Gemeinderäte gegenüber der Gemeinde wahrnehmen.

Eine Gemeinderätin der Stadt A, die von Beruf Steuerberaterin ist, kann bei der Stadt A keinen Stundungsantrag im Namen eines Mandanten stellen. Ein Gemeinderat und Immobilienmakler darf nicht im Auftrag eines Kunden ein Grundstück anbieten. Ein Rechtsanwalt darf im Namen eines Mandanten gegen die Gemeinde nicht vorgehen. In allen Beispielen unterliegen die Gemeinderäte dem Vertretungsverbot. Für ihre eigenen Angelegenheiten ist ihnen dies selbstverständlich nicht verwehrt.

Ein Gemeinderat, der Vorsitzender des Sportvereins ist, kann im Namen des Vereins bei der Gemeinde vorstellig werden. Als gesetzlicher Vertreter ist er vom Vertretungsverbot ausgenommen.

Die **Geltendmachung** von Ansprüchen und Interessen gegen die Gemeinde ist verboten. Hierzu genügt schon ein Schreiben an die Gemeinde oder die Geltendmachung einer Forderung. Kein Verstoß gegen das Vertretungsverbot liegt vor, wenn allgemeine Probleme oder Missstände in der Gemeinde aufgegriffen und gegenüber dem Gemeinderat oder dem Bürgermeister vorgebracht werden.

Ob eine Vertretung nach diesen Vorschriften verboten ist, hat der Gemeinderat durch Beschluss zu entscheiden.[39] Die betroffenen Gemeinderäte dürfen dabei weder bei der Beratung noch bei der Beschlussfassung mitwirken. Ihnen ist jedoch Gelegenheit zu geben, vorher zu der Sache Stellung zu nehmen. Wenn die gesetzlichen Voraussetzungen vorliegen, muss der Gemeinderat ein Vertretungsverbot feststellen. Gegen den Beschluss des Gemeinderats, mit dem ein Vertretungsverbot festgestellt wurde, steht den betroffenen Gemeinderäten der Verwaltungsrechtsweg offen. Es kann auch die Rechtsaufsichtsbehörde angerufen werden.

39 § 17 Abs. 3 Satz 3 Gemeindeordnung.

### 2.3.4 Verschwiegenheitspflicht

Eng mit der allgemeinen Treuepflicht verbunden ist die Pflicht, in bestimmten Fällen Verschwiegenheit[40] zu wahren. Diese dient

- dem **Schutz des Bürgers** und seiner persönlichen oder wirtschaftlichen Verhältnisse. Wer der Gemeinde eine private Sache anvertraut, muss sicher sein, dass seine Angaben vertraulich behandelt werden;
- dem **Schutz der Gemeinde.** Durch vorzeitiges Bekanntwerden vertraulicher Dinge kann der Gemeinde und damit dem öffentlichen Interesse Schaden zugefügt werden;
- dem **Schutz der einzelnen Gemeinderäte** vor einer unbefugten Weitergabe ihres Abstimmungsverhaltens oder von Meinungsäußerungen in nicht öffentlichen Sitzungen.

Gemeinderäte haben Verschwiegenheit zu bewahren über Angelegenheiten, bei denen die Geheimhaltung

- **gesetzlich vorgeschrieben** ist. Dies gilt insbesondere für alle steuerlichen Angelegenheiten, soweit sie eine Einzelperson betreffen, z.B. Erlass von Steuern, für alle nicht öffentlichen Sitzungen und statistische Einzelangaben.
- **besonders angeordnet** ist. Dies kann geschehen durch Gemeinderatsbeschluss, durch den Bürgermeister oder durch die Aufsichtsbehörde. Dazu genügen Vermerke wie z.B. „Vertraulich“, „Geheim“, „Nur für den Dienstgebrauch“.
- aus der **Natur der Sache** erforderlich ist. Dazu können z.B. Personal- und Grundstücksangelegenheiten zählen, insbesondere wenn es um persönliche Daten oder schutzwürdige Interessen Einzelner geht.

Ein Gemeinderat hat bei nicht öffentlichen Sitzungen den gesamten Verlauf der Beratung, die Beschlussfassung und das Ergebnis geheim zu halten. Wird über einen Stundungsantrag eines Unternehmens beraten, ist nicht nur die Tatsache des Antrags, sondern auch z.B. über die Redebeiträge, das Abstimmungsergebnis etc. dauerhaft Verschwiegenheit zu wahren.

Nicht geheim zu halten sind offenkundige Tatsachen, die der Allgemeinheit oder doch einem größeren Personenkreis bereits ohnehin bekannt sind, wie z.B. die drohende Insolvenz eines Unternehmens. Bedürfen Informationen noch einer Bestätigung, ist jedoch Verschwiegenheit zu bewahren. Im Zweifel ist deshalb die Verschwiegenheitspflicht anzunehmen.

40 § 17 Abs. 2 Gemeindeordnung.

Die Verschwiegenheit ist gegenüber jedermann zu wahren, der nicht dienstlich mit der Angelegenheit befasst ist. Bei nicht öffentlichen Sitzungen gilt sie gegenüber allen Personen, die nicht an der Sitzung teilgenommen haben. Die Verschwiegenheitspflicht ist von den Gemeinderäten auch gegenüber den Familienangehörigen und Betroffenen zu beachten. Unter Gemeinderäten selbst besteht keine Verschwiegenheitspflicht (ausgenommen gegenüber befangenen Gemeinderäten). Bei Fraktionssitzungen ist die Verschwiegenheitspflicht zu beachten, wenn daran Nichtgemeinderäte teilnehmen. Die Verschwiegenheitspflicht gestattet keine vertraulichen Mitteilungen an Dritte, auch dann nicht, wenn diese eine vertrauliche Behandlung zusichern. Selbst wenn ein anderer die Verschwiegenheitspflicht bricht, ist damit das Verbot noch nicht aufgehoben.

Es ist alles zu unterlassen, was die Geheimhaltung gefährden könnte. Hierzu zählen neben der mündlichen Weitergabe auch der Verlust vertraulicher Unterlagen und das Fertigen von Kopien für nicht amtliche Zwecke. Die Verschwiegenheitspflicht ist nicht nur eine Schweigepflicht. Verboten ist es auch, die erlangten Kenntnisse unbefugt für sich oder andere zu verwerten, z.B. durch vertrauliche Grundstückskaufgebote an die Gemeinde.

Die Verschwiegenheit ist so lange zu wahren, als das zu schützende Interesse besteht. Sie dauert deshalb noch nach dem Ausscheiden aus dem Gemeinderat fort. Eine Verschwiegenheitspflicht entfällt, wenn eine Sache amtlich bekannt gemacht wird. Eine Mitteilung in der Presse allein entbindet noch nicht. Für die Fälle der Geheimhaltung, kraft besonderer Anordnung und für nicht öffentliche Sitzungen besteht so lange Verschwiegenheit, bis sie der Bürgermeister ausdrücklich aufhebt. Aus der Natur der Sache geheim zu haltende Angelegenheiten sind so lange verschwiegen zu behandeln, bis sich eindeutig der Wegfall der Pflicht ergibt, z.B. bei Personalangelegenheiten nach der endgültigen Entscheidung, wodurch zwar die Verschwiegenheit über das Ergebnis entfällt, jedoch nicht hinsichtlich des Verhandlungsverlaufs.

Bei gesetzwidrigen, insbesondere strafbaren Handlungen besteht keine Verschwiegenheitspflicht. Sie kann ferner durchbrochen werden zur Wahrung berechtigter Interessen (§ 193 Strafgesetzbuch). Dasselbe gilt bei Notstand oder Notwehr (§§ 32 bis 35 Strafgesetzbuch). Bei diesen seltenen Ausnahmefällen sind strenge Maßstäbe anzulegen. Mit Zustimmung des Betroffenen kann eine Verschwiegenheitspflicht nur dann gebrochen werden, wenn diese ausschließlich in dessen Interesse eingeräumt worden ist, z.B. bei statistischen Angaben. Zur Aussage vor Gerichten in Angelegenheiten, die der Verschwiegenheit unterliegen (§ 54 Strafprozessordnung, § 376 Zivilprozessordnung), bedarf ein Gemeinderat der Aussagegenehmigung durch Gemeinderatsbeschluss.

Wird die Verschwiegenheitspflicht verletzt, so kann der Gemeinderat ein Ordnungsgeld verhängen. Eine Verletzung ist, soweit Dienstgeheimnisse dadurch gefährdet werden, nach § 353b Strafgesetzbuch strafbar. Darüber hinaus sind nach einzelgesetzlichen Vorschriften auch Geldbußen nach dem Ordnungswidrigkeitengesetz zulässig. Entsteht einem Dritten durch den Bruch der Verschwiegenheitspflicht ein Schaden, so kann dieser Schadensersatz verlangen (§§ 823, 826 Bürgerliches Gesetzbuch).

## 2.4 Mitwirkungsverbot bei Befangenheit

Gemeinderäte haben bei ihrer Tätigkeit ausschließlich die Belange und die Interessen der Gemeinde und des Allgemeinwohls zu vertreten. Private Interessen und Wünsche können beim einzelnen Gemeinderat zu Interessenwiderstreiten führen. Um solche Interessenskollisionen zu vermeiden und die Gemeindeverwaltung von Sonderinteressen sauber zu halten, sind befangene Gemeinderäte von der Mitwirkung ausgeschlossen.

### 2.4.1 Befangenheitsgründe

Gemeinderäte sind befangen und dürfen nicht mitwirken, wenn eine Angelegenheit ihnen oder einer ihnen verbundenen Person einen **unmittelbaren Vorteil oder Nachteil** bringen könnte.[41] Der Vorteil oder Nachteil muss unmittelbar sein. Er muss nicht schon eingetreten sein oder tatsächlich eintreten, es genügt die bloße Möglichkeit. Vorteil in diesem Sinne ist **jede Vergünstigung oder Verbesserung** der rechtlichen, wirtschaftlichen oder sonstigen Lage. Nachteil ist demgegenüber jede Verschlechterung einer solchen Lage. Ein Vorteil oder Nachteil ist nicht mehr unmittelbar, wenn er sich nur zufällig und nicht unmittelbar aus der zu behandelnden Sache selbst ergibt. Welcher Art der Vorteil oder Nachteil ist, wie groß er sein könnte, ob er den Gemeindeinteressen zuwiderläuft und ob die Betroffenen ihn überhaupt ausnutzen wollen, ist dabei unerheblich.

1. Befangenheit liegt vor, wenn der Vorteil oder Nachteil dem Gemeinderatsmitglied selbst erwachsen kann.

   Die Gemeinderätin will von der Gemeinde ein Grundstück erwerben. Ob sie sich tatsächlich durch ihre bloße Anwesenheit bei der

41 § 18 Gemeindeordnung.

Beratung oder durch eine entsprechende Stimmabgabe einen günstigeren Preis verschaffen will und kann, spielt für die Befangenheit keine Rolle. Allein die Möglichkeit reicht aus. Der „böse Schein“, Mitglieder könnten sich Vorteile verschaffen, muss vermieden werden. Die Gemeinderätin darf wegen Befangenheit an der Beratung und Entscheidung nicht teilnehmen.

2. Befangenheit besteht auch, wenn der mögliche Vor- oder Nachteil bei Personen liegt, mit denen die Gemeinderäte familiär verbunden sind. Um eine eindeutige Handhabung zu erreichen, gibt die Gemeindeordnung klare Sachverhalte vor, bei denen in jedem Fall Befangenheit anzunehmen ist.
In den Kreis der mit den Gemeinderäten eng verbundenen Personen fallen:
   - **Ehegatten** oder der Lebenspartner[42], in gerader Linie oder in der Seitenlinie bis zum dritten Grad **verwandte Personen** in auf- und absteigender Linie. Zu Letzteren zählen die Eltern, Großeltern, Urgroßeltern, Kinder, Enkel, Urenkel, Geschwister, Onkel, Tanten, Neffen und Nichten (nicht dagegen Großonkel, Großtanten, Cousins/Cousinen).
   - In gerader Linie oder in der Seitenlinie in auf- oder absteigender Linie bis zum zweiten Grad **verschwägerte Personen**, solange die die Schwägerschaft begründende Ehe oder Lebenspartnerschaft[43] fortbesteht. Hierzu zählen die Ehegatten der Kinder, Enkel und Geschwister sowie die Großeltern, Eltern, Kinder, Enkel und Geschwister des Ehegatten.

   Ein Neffe des Gemeinderats bewirbt sich um eine Stelle bei der Gemeindeverwaltung. Das Gesetz geht davon aus, dass in einem solchen Fall der Gemeinderat in einen Interessenkonflikt geraten kann. Der Gemeinderat darf wegen Befangenheit an der Beratung und Entscheidung nicht teilnehmen. Dies gilt generell, auch wenn der Gemeinderat im konkreten Fall glaubhaft versichert, dass er sich in gar keinem Konflikt befindet.

3. Befangenheit besteht, wenn der mögliche Vor- oder Nachteil bei einer von dem Gemeinderatsmitglied vertretenen natürlichen oder juristischen Person liegt.

42 Lebenspartner im Sinne des § 1 Lebenspartnerschaftsgesetz.

43 § 1 Lebenspartnerschaftsgesetz.

Darunter fällt die **gesetzliche Vertretung**, wie z.B. der Vormund und der Betreuer. Weitere gesetzliche Vertreter sind die Vorstände bei rechtsfähigen Vereinen (nach § 26 BGB), Aktiengesellschaften, Genossenschaften bzw. der Geschäftsführer einer GmbH sowie Insolvenzverwalter, Nachlassverwalter, Testamentsvollstrecker innerhalb ihres Geschäftskreises. Eingeschlossen ist auch die Vertretung durch eine ausdrückliche oder stillschweigend erteilte Vollmacht.

> Die Bau GmbH stellt einen Stundungsantrag für ihre Gewerbesteuerschuld. Gemeinderat A ist Geschäftsführer der Bau GmbH. Er darf an der Beratung und Entscheidung im Gemeinderat nicht mitwirken.

4. Befangenheit liegt vor, wenn der mögliche Vor- oder Nachteil bei Personen besteht, zu denen die Gemeinderäte in einem **Abhängigkeitsverhältnis** stehen. Dies betrifft den Arbeitgeber, es sei denn, nach den tatsächlichen Umständen der Beschäftigung ist anzunehmen, dass sich die Gemeinderäte deswegen nicht in einem Interessenwiderstreit befinden.

> Der Malerbetrieb B bewirbt sich bei einer Ausschreibung um einen Auftrag im Rahmen der Sanierung der Schule. Gemeinderat A ist einer von 10 Beschäftigten des Malerbetriebs. Er darf an der Beratung und Entscheidung im Gemeinderat nicht mitwirken.
>
> Für den Neubau der Polizeidienststelle will das Land Baden-Württemberg von der Gemeinde ein Grundstück erwerben. Gemeinderätin A ist als Landesbeamtin beim Sozialministerium beschäftigt. Sie ist zwar beim Land Baden-Württemberg entgeltlich beschäftigt, allerdings ist bei der Größe des Personalkörpers der Landesverwaltung als auch bei ihrem speziellen Einsatzfeld im sozialen Bereich nicht anzunehmen, dass sie sich in einem Interessenswiderstreit befindet. Gemeinderätin A darf an der Beratung und Entscheidung im Gemeinderat mitwirken, sie ist nicht befangen.

5. Befangenheit liegt **ferner** vor, wenn Gemeinderäte
   - **Gesellschafter** einer Handelsgesellschaft oder **Mitglied des Vorstands, des Aufsichtsrats oder eines gleichartigen Organs** eines rechtlich selbstständigen Unternehmens sind, denen die Angelegenheit einen unmittelbaren Vorteil oder Nachteil bringen kann. Betroffen sind insbesondere Genossenschaften, Aktiengesellschaften und Gesellschaften mit beschränkter Haftung. Dies gilt auch, wenn der Ehegatte, Lebenspartner oder Verwandte ersten Grades Gesellschafter oder Organmitglied ist. Befangenheit liegt nicht vor, wenn die

Person dem Organ als Vertreter oder auf Vorschlag der Gemeinde angehört.

> Die Volksbank e.G. beantragt für ihren Neubau eine Befreiung von den Festlegungen des Bebauungsplans. Gemeinderat B ist Mitglied im Aufsichtsrat der Volksbank e.G. Er selbst hat i.d.R. von der Befreiung keinen Vor- oder Nachteil. Er muss sich jedoch mögliche Vor- oder Nachteile der Volksbank e.G. zurechnen lassen. Er darf an der Beratung und Entscheidung im Gemeinderat nicht mitwirken.
>
> Dies gilt auch dann, wenn nicht er selbst, sondern sein Ehegatte/Lebenspartner oder seine Kinder Mitglieder des Aufsichtsrats der Volksbank e.G. sind.
>
> Die Stadtwerke GmbH will eine Bürgschaft der Gemeinde, um günstigere Kreditkonditionen bei der Bank zu erhalten. Gemeinderat D ist auf Vorschlag der Gemeinde Mitglied im Aufsichtsrat der Stadtwerke GmbH. Obwohl die Stadtwerke GmbH durch die Entscheidung einen Vor- oder Nachteil erleiden kann, darf Gemeinderat C weiterhin mitwirken.
>
> Die Gemeinde ist Gesellschafterin der Stadtwerke GmbH und kann somit bestimmen, wie sich der Aufsichtsrat zusammensetzt. Gemeinderat C ist auf Vorschlag der Gemeinde Mitglied im Aufsichtsrat und damit nicht befangen.

– Mitglied eines **Organs einer Körperschaft** des öffentlichen Rechts sind, der die Angelegenheit einen unmittelbaren Vorteil oder Nachteil bringen kann. Zu solchen Körperschaften gehören z.B. Zweckverbände, Sozialversicherungsträger, Religionsgemeinschaften, berufsständische Einrichtungen wie Ärzte-, Zahnärzte-, Tierärzte-, Apotheker- und Architektenkammern, aber nicht Gebietskörperschaften. Kreistagsmitglieder sind daher bei der Behandlung von Kreisangelegenheiten im Gemeinderat nicht befangen. Es liegt jedoch keine Befangenheit vor, wenn Gemeinderäte diesen Organen als Vertreter oder auf Vorschlag der Gemeinde angehören.

> Die Kirche betreibt mehrere Kindergärten in der Gemeinde und wünscht eine Neuberechnung des Betriebskostenzuschusses der Gemeinde. Gemeinderat K ist Mitglied des Kirchengemeinderats und bei der Beratung und Entscheidung im Gemeinderat befangen.
>
> Der Zweckverband Landeswasserversorgung verhandelt mit der Gemeinde um die Trassenführung einer neuen Wasserleitung. Gemeinderat H ist von der Gemeinde für die Verbandsversammlung als Vertreter vorgeschlagen worden. Gemeinderat H ist damit nicht befangen.

- in der Angelegenheit in anderer als öffentlicher Eigenschaft ein **Gutachten** abgegeben haben oder sonst tätig geworden sind. Es ist dabei unerheblich, ob das Gutachten oder die sonstige Tätigkeit entgeltlich oder unentgeltlich, vor Gericht oder außergerichtlich erstattet bzw. ausgeübt wurde. Darunter fallen insbesondere Rechtsanwälte, Steuerberater, Grundstücksmakler. Bei diesem Tatbestand wird ein unmittelbarer Vor- oder Nachteil nicht vorausgesetzt. Vielmehr wird vermutet, dass Gemeinderäte allein durch die private Gutachtertätigkeit im Vorfeld sich in ihrer fachlichen Beurteilung festgelegt haben und sich nicht mehr unvoreingenommen entscheiden können. Kein Ausschlussgrund liegt vor, wenn das Gutachten in öffentlicher Eigenschaft als Richter oder amtlicher Gutachter für eine Behörde abgegeben wurde.

Die O-GmbH plant den Bau eines Neubaus, der Befreiungen des Bebauungsplans erfordert. Gemeinderat R ist Bauingenieur und hat ein Gutachten zur Baugründung erstellt. Obwohl der Auftrag bereits abgeschlossen ist und sich für ihn keinerlei Vor- oder Nachteile ergeben können, ist er befangen.

### 2.4.2 Ausnahmen

Keine Befangenheit liegt vor, wenn lediglich die **gemeinsamen Interessen** einer **Berufs- oder Bevölkerungsgruppe** berührt sind.[44] Ansonsten könnte allzu leicht die Arbeit des Gemeinderats lahmgelegt werden. Diese Ausnahme setzt voraus, dass die Berufs- oder Bevölkerungsgruppe nicht nur aus wenigen Personen besteht. Gruppeninteressen, die keine Befangenheit auslösen, liegen z.B. vor bei Einwohnern eines Wohnbezirks, Grundsteuerpflichtigen, Gewerbesteuerpflichtigen etc. Die Befangenheitsvorschriften gelten nicht für Wahlen zu einer ehrenamtlichen Tätigkeit, wie z.B. bei der Bildung von Ausschüssen, die Wahl zum Stellvertreter des Bürgermeisters, zum Ortsvorsteher, zum Vertreter der Gemeinde in Zweckverbänden etc.

Die Gemeinde befasst sich mit einer Erhöhung der Wassergebühren. Obwohl voraussichtlich jeder der Gemeinderäte dadurch einen Vor- oder Nachteil besitzt, liegt keine Befangenheit vor. Der Grund für die Ausnahme liegt darin, dass jeder Gebührenzahler ein gleich gerichtetes Interesse an möglichst niedrigen Gebührensätzen hat. Gemeinderäte dürfen sehr wohl als Exponenten von Gruppeninteressen auftreten.

44 § 18 Abs. 3 Satz 1 Gemeindeordnung.

Eine Erbengemeinschaft bestehend aus 6 Mitgliedern bietet der Gemeinde ein Grundstück zum Kauf an. Gemeinderat S ist Mitglied der Erbengemeinschaft. Diese Erbengemeinschaft ist im Verhältnis zur Gemeindebevölkerung verschwindend gering. Eine Bevölkerungsgruppe liegt nicht vor. Gemeinderat S ist befangen.

Die Gemeinde beschließt einen Bebauungsplan. Gemeinderätin T verfügt über ein Grundstück im Plangebiet. Gemeinderätin T ist befangen. Da jeder Eigentümer eigene Interessen verfolgt, mangelt es an einem gemeinsamen Interesse.

Der Gemeinderat wählt den Stellvertreter des Bürgermeisters. Gemeinderat P kandidiert dafür. Er ist nicht befangen, da das Mitwirkungsverbot nicht für Wahlen zu einer ehrenamtlichen Tätigkeit gilt.

### 2.4.3 Verfahren

Wer befangen ist, hat dies rechtzeitig vor der Beratung und Beschlussfassung dem Vorsitzenden **mitzuteilen**. Ist es zweifelhaft, ob die Voraussetzungen für das Mitwirkungsverbot bei Befangenheit vorliegen, entscheidet der Gemeinderat. Die betroffenen Gemeinderäte dürfen bei diesem Beschluss selbst nicht mitwirken. Wenn die gesetzlich genannten Voraussetzungen für das Mitwirkungsverbot vorliegen, muss die betroffene Person ausgeschlossen werden; der Gemeinderat hat bei seiner Entscheidung keinen Ermessensspielraum und er kann auch keine Ausnahmen zulassen. Im Interesse der Sauberhaltung der Gemeindeverwaltung sind diese Vorschriften streng auszulegen.

Beschlüsse, an denen befangene Gemeinderäte mitgewirkt haben, sind rechtswidrig und können vor den Verwaltungsgerichten angefochten werden. Dasselbe gilt für Beschlüsse, bei denen ein Mitglied durch Gemeinderatsbeschluss rechtswidrig ausgeschlossen war. Das ausgeschlossene Gemeinderatsmitglied selbst kann einen Ausschluss ebenfalls vor dem Verwaltungsgericht anfechten oder die Rechtsaufsichtsbehörde anrufen. Rechtswidrige Beschlüsse durch Verstöße gegen die Befangenheitsbestimmungen sind geheilt, wenn nicht binnen eines Jahres dem Beschluss vom Bürgermeister widersprochen, er von der Rechtsaufsichtsbehörde beanstandet oder ein förmlicher Rechtsbehelf eingelegt worden ist.

### 2.4.4 Rechtsfolgen

Wer befangen ist, darf **weder** bei der **Beratung noch** bei der **Beschlussfassung** der Angelegenheit **mitwirken.** Bei öffentlichen Sitzungen muss das Mitglied den Beratungsteil des Sitzungsraums verlassen, kann jedoch als Zuhörer im Zuhörerteil des Sitzungsraums verbleiben. Bei nicht öffentlichen Sitzungen hat es den Sitzungsraum zu verlassen. Befangene Gemeinderäte können vor dem Ausschluss auf Wunsch des Gemeinderats eine Stellungnahme zu der betreffenden Angelegenheit abgeben oder Fragen dazu beantworten.

Befangene Gemeinderäte dürfen keine Anfragen oder Anträge stellen und keine Auskünfte, Akteneinsicht sowie Einsicht in die Niederschrift nicht öffentlicher Verhandlungen verlangen und erhalten.

Die gesetzlichen Befangenheitstatbestände erfassen nicht alle Fälle denkbarer Interessenwiderstreite. Den einzelnen Gemeinderäten ist es daher unbenommen, z. B. bei engen persönlichen Beziehungen sich für „befangen" zu erklären und freiwillig auf eine Mitwirkung zu verzichten. Ein Ausschluss kann jedoch nicht erzwungen werden.

## 2.5 Fit für den Start – Tipps für neugewählte Mandatsträgerinnen und -träger

Nach der Lektüre dieses Taschenbuches haben Sie sich das notwendige Grundwissen für Gemeinderäte angeeignet. Für neugewählte Gemeinderatsmitglieder sind mit der Mandatsübernahme neue Herausforderungen verbunden. Deshalb wollen wir Ihnen für Ihre wichtige Tätigkeit einige praktische Anregungen und Tipps mit auf den Weg geben. Wir wollen Sie damit zur aktiven Mitarbeit in den Gemeinderäten ermutigen.

1. Machen Sie sich mit dem Regelwerk der Gemeinderatsarbeit vertraut. Dieses besteht in erster Linie aus der Gemeindeordnung und dem jeweiligen Ortsrecht, insbesondere der Hauptsatzung und der Geschäftsordnung für den Gemeinderat. Die Kenntnis der Geschäftsordnung[45] erleichtert Ihnen die Wahrnehmung Ihrer Rechte in der Gemeinderatssitzung und Beachtung Ihrer Verpflichtungen. Die Bestimmungen des Ortsrechtes sind heutzutage regelmäßig auf der Homepage der jeweiligen Stadt oder Gemeinde eingestellt. Den Text der Gemeindeordnung und anderer wichtiger Vorschriften finden Sie u. a. in einschlägigen Textausgaben.[46] In vielen Kommunen werden diese den Gemeinderäten von der Verwaltung zur Verfügung gestellt.
2. Der Besuch einer Schulungsveranstaltung zum Kommunalrecht bzw. zur Gemeinderatsarbeit kann Ihnen ebenfalls den Start erleichtern. Solche Veranstaltungen werden von unterschiedlichen Institutionen gratis oder gegen ein Entgelt angeboten. Zur Übernahme etwaiger Kosten haben einige Kommunen entsprechende Positionen im Haushalt vorgesehen. Zu verweisen ist darauf, dass Beschäftigte in Baden-Württemberg durch das Bildungszeitgesetz

45 Vgl. hierzu S. 53 ff. in diesem Taschenbuch.

46 Bspw. *Pauge*, Gemeindeordnung für Baden-Württemberg, 9. Auflage, 2024.

vom 17. März 2015[47] unter bestimmten Bedingungen für die politische Weiterbildung oder die Qualifizierung zur Wahrnehmung bestimmter ehrenamtlicher Tätigkeiten einen Freistellungsanspruch gegenüber ihrem Arbeitgeber von bis zu fünf Tagen im Jahr haben.

3. Empfehlenswert sind zumindest gute Grundkenntnisse im Gemeindewirtschaftsrecht[48], um das „Königsrecht des Gemeinderates", die Verabschiedung des Haushalts, sachkundig wahrnehmen zu können. Sie sollten einen Haushaltsplan, der auch als politisches Steuerungsinstrument dient, verstehen und lesen können. Insbesondere die Einführung des Neuen Kommunalen Haushaltsrechtes[49] macht auch noch „Altgedienten" oft Probleme. Auch hier empfehlen sich entsprechende Schulungsmaßnahmen, die auch vor Ort von den Fachleuten der Kämmereien angeboten werden können. Fordern Sie dies ggf. ein.
4. Als ehrenamtlich tätige Mandatsträger haben Sie einen Anspruch auf Ersatz Ihrer Auslagen.[50] Wichtig ist in diesem Zusammenhang der Hinweis, dass in Baden-Württemberg auch die Kosten für die entgeltliche Betreuung von pflege- oder betreuungsbedürftigen Angehörigen während der Ausübung der Gemeinderatstätigkeit erstattet werden. Die konkrete Ausgestaltung dieses Anspruches können Sie der örtlichen „Satzung über die Entschädigung für ehrenamtliche Tätigkeit" entnehmen.
5. Abhängig von der Größe und Struktur einer Gemeinde sind zu Beginn der Amtszeit eine Reihe von Gemeinderatsausschüssen, Beiräten, Aufsichtsräten, Kommissionen etc. zu besetzen. Achten Sie darauf, dass Sie dabei Ihren Kenntnissen, Interessen und politischen Schwerpunkten entsprechend berücksichtigt werden. Die damit verbundenen Aufgaben haben durchaus unterschiedliche Möglichkeiten der eigenen Profilbildung in der Öffentlichkeit.
6. Sofern Sie einer Gemeinderatsfraktion angehören, unterliegen Sie zwar keinem Fraktionszwang, sollten aber dennoch dazu beitragen, ein Höchstmaß an Übereinstimmung zu erzielen, um wirkungsvoll an der Willensbildung im Gemeinderat mitzuwirken. Tragen Sie dazu bei, dass zu Beginn der Amtszeit die Aufgaben der Mitglieder der Fraktion klar geregelt sind und durch Leitlinien die innere Ordnung der Fraktion nach demokratischen und rechtsstaatlichen Grundsätzen gestaltet wird. Halten Sie sich an einmal getroffene Vereinbarungen (z.B. bei der Wahrnehmung des Rederechts). Machen Sie sich das

---

47 https://rp.baden-wuerttemberg.de/Themen/Bildung/Bildungszeit/04_bildungszeit_gesetzestxt.pdf.

48 Vgl. hierzu S. 93ff. in diesem Taschenbuch.

49 Vgl. hierzu S. 98 ff. in diesem Taschenbuch.

50 Vgl. S. 25ff. in diesem Taschenbuch.

Erfahrungswissen langjähriger Mandatsträgerinnen und Mandatsträger zunutze. Scheuen Sie sich auch nicht bei Fragen zur Geschäftsordnung oder der Formulierung von Anträgen und Anfragen darauf zurückzugreifen.

7. Bereiten Sie sich intensiv auf die Sitzungen vor. Dazu gehört natürlich in erster Linie das Studium der Sitzungsunterlagen. Das immer noch zu beobachtende Öffnen des Versandumschlags der Unterlagen (sofern nicht digital gearbeitet wird) in der Sitzung macht nicht nur einen schlechten Eindruck, sondern hindert Sie auch an einer intensiven Teilnahme an den anstehenden Diskussionen im Gemeinderat. Mit einer guten Vorbereitung können Sie Vorschläge der Verwaltung auch hinterfragen und eigene Vorstellungen einbringen.
8. Nutzen Sie das kollektive Recht, inhaltliche Anträge zu stellen, und das individuelle Recht, Fragen an den Bürgermeister zu richten.[51] Mit diesen Möglichkeiten können Sie auch sehr gut Bürgeranliegen transportieren, transparent machen und einer Klärung zuführen. Oft empfiehlt sich für solche Vorgänge die Schriftform (Brief; E-Mail), um diese gut dokumentieren und auch weiterleiten zu können. Achten Sie darauf, dass Ihre Anträge und Anfragen zeitnah behandelt werden.
9. Zur Transparenz gehört bei der Aufstellung der Tagesordnung für die Gemeinderatssitzung auch die Einhaltung der Verpflichtung zur Wahrung der Sitzungsöffentlichkeit, wonach nicht öffentlich nur verhandelt werden darf, soweit dies gesetzlich vorgeschrieben ist. Achten Sie im Interesse der Bürgerinnen und Bürger darauf, dass diese Verpflichtung auch eingehalten wird.[52]
10. Bleiben Sie auch während Ihrer Amtszeit bürgernah und pflegen Sie die Vernetzung mit Vereinen und Verbänden. Nutzen Sie im Rahmen des Ihnen zeitlich Möglichen Veranstaltungen aller Art, um die Lebenswirklichkeit der Bürgerinnen und Bürger im Blick zu behalten. Stehen Sie der Bürgerschaft als Ansprechpartner zur Verfügung und nehmen Sie deren Anliegen ernst. Das heißt nicht, dass deren Vorstellungen immer umgesetzt werden müssen, aber eines dürfen Bürgerinnen und Bürger erwarten: eine Antwort auf an Sie herangetragene Anliegen.
11. Bestimmte Vorgänge im Gemeinderat unterliegen der Geheimhaltung. Nehmen Sie die damit verbundene Verschwiegenheitspflicht[53] ernst. Eine Verletzung dieser Verpflichtung kann nicht nur Ordnungsmaßnahmen auslösen, sondern im Einzelfall sogar als Straftatbestand gewertet werden.[54]

---

51 Vgl. hierzu S. 30 und 74 dieses Taschenbuches.

52 Vgl. hierzu S. 57 ff. dieses Taschenbuches.

53 Vgl. hierzu S. 35 f. dieses Taschenbuches.

54 https://publicus.boorberg.de/verschwiegenheitspflichten-im-kommunalbereich/.

12. Als kommunale Mandatsträgerin oder kommunaler Mandatsträger werden Sie im Gemeinderat und bei anderen Gelegenheiten Reden halten müssen. Sofern Sie hierin noch keine Übung haben, empfiehlt sich auch hier eine Schulungsmaßnahme oder die Nutzung eines einschlägigen Redehandbuches.[55] Erfahrene Praktiker empfehlen, für die Redebeiträge im Gemeinderat die Tagesordnungspunkte zu gewichten und nicht zu jedem Thema eine Stellungnahme abzugeben.[56] So erreichen Sie mehr Aufmerksamkeit und können Ihr Profil schärfen.
13. Auch in der Kommunalpolitik haben Sie es mit unterschiedlichen Interessen und Meinungen zu tun. Sorgen Sie mit Ihrer Haltung sowohl in als auch außerhalb der kommunalen Gremien für eine positive Streitkultur. Äußern Sie sich respektvoll gegenüber Andersdenkenden und schließen Sie nie aus, dass auch der andere recht haben könnte.
14. Im Zuge einer veränderten Kommunikationskultur gewinnen die sogenannten sozialen Medien auch für die kommunalpolitische Arbeit eine immer größere Bedeutung.[57] Wer wissen will, was die Bürgerinnen und Bürger, nicht zuletzt die jüngeren, am Ort bewegt, kommt um eine Beobachtung dieser Medien nicht herum. So werden an manchen Orten bspw. nur noch 20 % der Haushalte von einer Tageszeitung erreicht. Setzen Sie sich auch mit der Frage auseinander, ob Sie die Neuen Medien auch aktiv als Handwerkszeug für Ihre Öffentlichkeitsarbeit einsetzen können und welcher Aufwand damit für Sie verbunden ist.
15. Sie werden sehr schnell von den tagespolitischen Anliegen vereinnahmt werden. Dabei sollten Sie aber strategisch nicht versäumen, die Entwicklung Ihrer Kommune auch über die aktuelle Amtszeit hinaus zu reflektieren und in „langen Linien" zu denken. Dazu können Sie auch Strategiesitzungen des Gemeinderates im Laufe der Legislaturperiode anregen und auch bürgerschaftliche Beteiligungsmodelle unterstützen. Ganz nach dem Motto: „Aus Betroffenen Beteiligte machen." Ferner nützt auch der Blick über den Tellerrand der eigenen Stadt oder Gemeinde hinaus und gibt ggf. sogar Anregungen für weitere Möglichkeiten der interkommunalen Zusammenarbeit,[58] um Synergien zu erzeugen.

---

55 Bspw. *Bachofer/Frasch/Jung*, Kommunales Redehandbuch.

56 Vgl. hierzu S. 61 in diesem Taschenbuch und Staatsanzeiger v. 12.10.2018 und 31.03.2023.

57 Vgl. u. a. *Fehringer/Solmecke*, Der Social-Media-Leitfaden für Kommunen, 2017 und Staatsanzeiger v. 16.11.2018.

58 Vgl. hierzu *Aker/Zinell*, Gesetz über kommunale Zusammenarbeit, 2017.

16. Werden Sie sich immer bewusst, dass Sie als kommunale Mandatsträgerin und kommunaler Mandatsträger wichtige Entscheidungen für das Gemeinwohl zu treffen haben und somit ein gerüttelt Maß an Verantwortung tragen. Bleiben Sie gerade deshalb bei der Ausübung des Mandats authentisch und gestalten Sie Ihre kommunalpolitische Tätigkeit während der gesamten Amtszeit transparent für die Bürgerschaft. Nach Auffassung langjähriger Kommunalpolitiker gehört hierzu der schlichte Rat: „Einfach zeigen, was man vorhat.“

# 3 Zusammensetzung des Gemeinderats

Die Zusammensetzung des Gemeinderats und die Anzahl der Gemeinderäte sind gesetzlich vorgegeben; es können sich durch gemeindespezifische Ursachen Abweichungen ergeben. Der Wahl zum Gemeinderat schließt sich stets die Überprüfung von Hinderungsgründen an. Liegen Hinderungsgründe vor, kann ein gewählter Bewerber sein Amt nicht antreten.

## 3.1 Größe des Gemeinderats

Der Gemeinderat besteht aus dem Bürgermeister als Vorsitzenden und den ehrenamtlich tätigen Gemeinderäten. Die Zahl der Gemeinderäte richtet sich nach der Einwohnerzahl der Gemeinde.[59] Sie beträgt in Gemeinden mit

| nicht mehr als | | 1.000 Einwohner | 8 Gemeinderäte |
|---|---|---|---|
| mehr als 1.000, | aber nicht mehr als | 2.000 Einwohner | 10 Gemeinderäte |
| mehr als 2.000, | aber nicht mehr als | 3.000 Einwohner | 12 Gemeinderäte |
| mehr als 3.000, | aber nicht mehr als | 5.000 Einwohner | 14 Gemeinderäte |
| mehr als 5.000, | aber nicht mehr als | 10.000 Einwohner | 18 Gemeinderäte |
| mehr als 10.000, | aber nicht mehr als | 20.000 Einwohner | 22 Gemeinderäte |
| mehr als 20.000, | aber nicht mehr als | 30.000 Einwohner | 26 Gemeinderäte |
| mehr als 30.000, | aber nicht mehr als | 50.000 Einwohner | 32 Gemeinderäte |
| mehr als 50.000, | aber nicht mehr als | 150.000 Einwohner | 40 Gemeinderäte |
| mehr als 150.000, | aber nicht mehr als | 400.000 Einwohner | 48 Gemeinderäte |
| mehr als 400.000 | | | 60 Gemeinderäte |

Maßgebend ist die Einwohnerzahl an dem der Wahl zum Gemeinderat vorausgehenden 30. September des Vorvorjahres.[60] Von den Folgen bei

59 § 25 Gemeindeordnung.

60 § 57 Abs. 1 Satz 1 Kommunalwahlgesetz.

Änderungen des Gemeindegebietes abgesehen,[61] sind Änderungen der Einwohnerzahl, z.B. durch Bevölkerungswachstum, erst bei der nächsten regelmäßigen Wahl zum Gemeinderat zu berücksichtigen. Stellvertreter für die Gemeinderäte gibt es nicht.

Die Zahl der Gemeinderäte kann in folgenden Fällen **höher** sein:

- Bei unechter Teilortswahl kann die Hauptsatzung eine Sitzzahl bis höchstens zur nächsthöheren Gemeindegrößengruppe festlegen. Daneben können sich Ausgleichssitze ergeben.
- Bei der Eingliederung einer anderen Gemeinde durch Vereinbarung kann übergangsweise bis zur nächsten Gemeinderatswahl bestimmt werden, dass eine festgelegte Zahl an Gemeinderäten zugewählt wird.

Die Zahl der Gemeinderäte kann in folgenden Fällen **niedriger** sein:

- Durch Hauptsatzung kann bestimmt werden, dass bei unechter Teilortswahl die nächstniedrigere Gemeindegrößengruppe maßgebend ist. Es kann auch ein Zwischenwert gewählt werden.
- Eine gewählte Person tritt nicht in den Gemeinderat ein und eine Ersatzperson steht nicht zur Verfügung oder Sitze bleiben bei der Wahl unbesetzt.

Bei der Aufhebung der unechten Teilortswahl gelten Sonderregelungen für die Sitzzahl. Die Hauptsatzung kann bestimmen, dass längstens bis zum Ablauf der zweiten folgenden Amtsperiode die Anzahl der Gemeinderäte bis zur nächsten Gemeindegrößengruppe erhöht oder erniedrigt wird.

## 3.2 Hinderungsgründe für den Eintritt in den Gemeinderat

Die erfolgreiche Wahl in den Gemeinderat bedeutet noch nicht, dass die gewählten Bürger auch tatsächlich in den Gemeinderat eintreten können. Liegen gesetzlich bestimmte **Hinderungsgründe**[62] vor, können Bürger zwar gewählt werden, eine Mitgliedschaft im Gemeinderat ist ihnen jedoch verwehrt. Damit soll verhindert werden, dass Gemeinderäte durch ihre berufliche Stellung in einen untragbaren Pflichtengegensatz geraten.

61 § 57 Abs. 1 Satz 2 Kommunalwahlgesetz i.V.m. § 143 Satz 2 Gemeindeordnung.

62 § 29 Gemeindeordnung.

Hinderungsgründe bestehen für folgende Personen:

- Beamte und Arbeitnehmer der Gemeinde,

> Der Kämmerer oder die Standesbeamtin der Gemeindeverwaltung A können, obwohl sie von den Bürgern gewählt wurden, nicht in den Gemeinderat der Gemeinde A eintreten. Nicht betroffen sind Arbeitnehmer, die überwiegend körperliche Arbeit verrichten. Bedienstete des Bauhofs oder ein Pförtner des Krankenhauses können dagegen im Gemeinderat mitwirken, weil sie inhaltlich auf die Verwaltungsführung keinen Einfluss nehmen können.[63]

- Beamte und Arbeitnehmer eines Gemeindeverwaltungsverbands, eines Nachbarschaftsverbands und eines Zweckverbands, dessen Mitglied die Gemeinde ist, sowie der erfüllenden Gemeinde einer vereinbarten Verwaltungsgemeinschaft, der die Gemeinde angehört,
- leitende Beamte und leitende Arbeitnehmer einer sonstigen Körperschaft des öffentlichen Rechts, wenn die Gemeinde in einem beschließenden Kollegialorgan der Körperschaft mehr als die Hälfte der Stimmen hat,
- leitende Bedienstete eines Unternehmens (z.B. GmbH, AG), wenn die Gemeinde mit mehr als 50 % an dem Unternehmen beteiligt ist,
- leitende Bedienstete einer selbstständigen Kommunalanstalt der Gemeinde oder einer gemeinsamen selbstständigen Kommunalanstalt, an der die Gemeinde mit mehr als 50 % beteiligt ist,
- Beamte und Arbeitnehmer einer Stiftung des öffentlichen Rechts, die von der Gemeinde verwaltet wird,
- Beamte und Arbeitnehmer der Rechtsaufsichtsbehörde, oberen Rechtsaufsichtsbehörde (Regierungspräsidium) und obersten Rechtsaufsichtsbehörde (Innenministerium), die unmittelbar mit der Ausübung der Rechtsaufsicht befasst sind sowie leitende Bedienstete der Gemeindeprüfungsanstalt,

Ob ein Hinderungsgrund vorliegt, entscheidet der bisherige Gemeinderat vor Einberufung der ersten Sitzung des neuen Gemeinderats nach einer regelmäßigen Wahl bzw. Ergänzungswahl oder vor dem Nachrücken einer Ersatzperson. Dem Gemeinderat steht dabei kein Ermessensspielraum zu. Treten Hinderungsgründe während der Amtszeit ein, so haben die betroffenen Gemeinderäte auszuscheiden. Bei Mehrheitswahl tritt die Bewerberin bzw. der Bewerber mit der höheren Stimmenzahl, bei Verhältniswahl die als Ersatzperson festgestellte Bewerberin bzw. Bewerber des gleichen Wahlvorschlags in den Gemeinderat ein.

---

63 Vgl. Bundesverwaltungsgericht vom 14.10.2017–10 C 216.

## 3.3 Nachrücken von Ersatzpersonen und Ergänzungswahl

Während der Amtszeit ausscheidende Gemeinderäte sind durch Ersatzpersonen zu ersetzen.[64] So wird gesichert, dass die gesetzliche Mindestzahl an Mitgliedern mitwirkt. Ein Ausscheiden kann notwendig werden, wenn

- Gewählte nicht eintreten, weil ein Hinderungsgrund oder ein anderer wichtiger Grund vorliegt;
- Gewählte im Laufe der Amtszeit aus den genannten Gründen ausscheiden oder
- nachträglich festgestellt wird, dass Gewählte nicht wählbar waren.

Die fehlenden Gemeinderäte werden durch Nachrücken der Ersatzpersonen für den Rest der Amtszeit ersetzt. Es rückt die bei der Feststellung des Wahlergebnisses als nächste Ersatzperson festgestellte Bewerberin bzw. Bewerber nach. Bei Verhältniswahl wird die Ersatzperson demselben Wahlvorschlag entnommen, damit das Sitzverhältnis zwischen den Wählervereinigungen im Gemeinderat erhalten bleibt. Es rückt die nächste Ersatzperson mit der höchsten Stimmenzahl nach. Diese muss im Zeitpunkt ihres Nachrückens in den Gemeinderat wählbar sein, und es dürfen keine Hinderungsgründe vorliegen. Bei unechter Teilortswahl rückt die nächste Ersatzperson jeweils innerhalb der einzelnen Wohnbezirke nach. Bewerber, die wegen eines wichtigen Grundes die Wahl nicht angenommen haben, werden nicht Ersatzpersonen; sie können auch später nicht nachrücken, wenn diese Gründe weggefallen sind. Ist keine Ersatzperson mehr vorhanden, bleibt der freigewordene oder freie Sitz im Gemeinderat unbesetzt.

Können die im Gemeinderat freigewordenen Sitze nicht mehr durch Nachrücken von Ersatzpersonen besetzt werden, wird eine **Ergänzungswahl** durchgeführt, falls die Zahl der Mitglieder weniger als zwei Drittel der gesetzlichen Zahl beträgt.

64 § 31 Gemeindeordnung.

# 4 Verfahren im Gemeinderat

Beschlüsse des Gemeinderats sind nur rechtsgültig, wenn alle formalen Vorgaben eingehalten werden. Dazu zählt insbesondere, dass die Gemeinderäte korrekt eingeladen werden, die Sitzung nur nicht öffentlich stattfindet, wenn zwingende Gründe dies verlangen, die Sitzung vom Bürgermeister oder seinem Stellvertreter geleitet wird und das Gremium beschlussfähig ist.

## 4.1 Geschäftsordnung

Der Gemeinderat als Organ der Gemeinde handelt nicht durch die einzelnen Mitglieder, sondern trifft seine Entscheidungen in Sitzungen. Der Verlauf der Gemeinderatssitzung richtet sich nach den Vorschriften der Gemeindeordnung und den Vorschriften der Geschäftsordnung. Der Gemeinderat ist verpflichtet, eine Geschäftsordnung des Gemeinderats zu beschließen.[65]

In der Geschäftsordnung können Details zu Teilnahmerechten von Fraktionen, Redeordnung, Anfragerechten, zur Tagesordnung und zum generellen Verhandlungsablauf geregelt werden. Sofern sich in der Praxis der Gemeinderatssitzung gehäuft Probleme zum Sitzungsablauf ergeben, kann die Geschäftsordnung jederzeit geändert werden, um künftige Auseinandersetzungen zu vermeiden.

Je größer der Gemeinderat ist, desto wichtiger sind die Grundsätze und Regeln für seine Verhandlungen. Andererseits sollten Geschäftsordnungsfragen nicht überbewertet werden.

Die Geschäftsordnung ist keine Rechtsnorm, sodass bei Verstößen die gefassten Beschlüsse des Gemeinderats nicht rechtswidrig sind. Ausnahmen von ihr sind nur zulässig, wenn sie ausdrücklich vom Gemeinderat beschlossen oder stillschweigend geduldet werden und nicht gegen Vorschriften der Gemeindeordnung verstoßen.

65 § 36 Abs. 2 Gemeindeordnung.

## 4.2 Gemeinderatssitzung

Eine Sitzung verläuft umso reibungsloser, je gründlicher sie vorbereitet wird. Eine sorgfältige Vorbereitung ist umso wichtiger, je größer der Gemeinderat ist und je schwieriger die zu verhandelnden Angelegenheiten sind. Die Sitzungsvorbereitung ist Aufgabe des Bürgermeisters. Er kann damit Gemeindebedienstete beauftragen. Angelegenheiten, die im Gemeinderat verhandelt werden sollen, müssen tatsächlich auch beratungs- und entscheidungsreif sein.

### 4.2.1 Einberufung[66]

Der Gemeinderat kann nur in einer ordnungsmäßig einberufenen Sitzung beraten und beschließen. Das Recht und die Pflicht zur Einberufung kommen ausschließlich dem Bürgermeister als Vorsitzenden des Gemeinderats zu. Ist der Bürgermeister wegen Befangenheit oder wegen Krankheit, Ortsabwesenheit usw. verhindert, so tritt sein Stellvertreter an seine Stelle, bei mehreren Stellvertretern in der vom Gemeinderat bestimmten Reihenfolge.

- **Zeitpunkt**

Der Gemeinderat **soll** zu einer Sitzung einberufen werden, wenn es die **Geschäftslage** erfordert. Dies ist nach der Größe der Gemeinde sowie der Zahl und der Dringlichkeit der anstehenden Angelegenheiten zu entscheiden. Monatlich soll mindestens eine Sitzung stattfinden. In der Regel werden regelmäßige Sitzungstage festgelegt, die rechtzeitig bekannt gegeben werden.

Der Vorsitzende **muss** unverzüglich eine Sitzung einberufen und die Angelegenheit auf die Tagesordnung setzen, wenn ein Viertel der Gemeinderäte (ohne den Bürgermeister) die Einberufung unter Angabe des Verhandlungsgegenstandes verlangt, es sei denn, diese Angelegenheit ist in den letzten sechs Monaten bereits behandelt worden. Die Angelegenheit muss zum Aufgabenbereich der Gemeinde und zur Zuständigkeit des Gemeinderats zählen.

- **Einberufungsfrist**

Eine Sitzung ist mit **angemessener Frist** einzuberufen. Als angemessen gilt in der Regel eine Frist von mindestens sieben Tagen. Durch diese Frist sollen die Gemeinderäte ausreichend Zeit für die Sitzungsvorbereitung haben.

66 § 34 Abs. 1 Gemeindeordnung.

Die Einberufungsfrist muss so bemessen sein, dass sich zum einen die Gemeinderäte den Termin freihalten können. Zum anderen müssen sie ausreichend Zeit haben, sich auf die Tagesordnungspunkte vorbereiten zu können. Die Unterlagen müssen durchgearbeitet werden, Vorbesprechungen oder Besichtigungen müssen durchführbar sein. In größeren Gemeinden oder bei kommunalpolitisch weitreichenden Entscheidungen, bei Haushaltsplänen und Bebauungsplänen erfordert die Vorbereitung mehr Zeit, die Einberufungsfristen wären daher auszuweiten.

In Notfällen ist eine kurzfristige Einberufung zulässig. Ein Notfall liegt vor, wenn eine Entscheidung so dringlich ist, dass sie nicht bis zu einer fristgerechten Einberufung einer Sitzung aufgeschoben werden kann und sonst eine Eilentscheidung durch den Bürgermeister ergehen müsste.

- **Schriftform**

Eine Sitzung ist **schriftlich** oder **elektronisch** einzuberufen. Lediglich in Notfällen kann auch mündlich oder telefonisch einberufen werden. Die Einberufung muss die erforderlichen Einzelheiten wie Tag, Zeit und Ort der Sitzung enthalten. Sie muss an alle Gemeinderäte einzeln ergehen, auch an die durch Krankheit, Ortsabwesenheit oder sonst verhinderten Gemeinderäte, ferner an die befangenen Gemeinderäte, soweit sie nicht bereits von dieser Sitzung ausgeschlossen worden sind.

- **Sitzungsunterlagen**

Der Bürgermeister hat rechtzeitig – in der Regel mit der Einberufung – die für die Verhandlung erforderlichen Unterlagen an die Gemeinderäte zu versenden. Dies gilt nicht, soweit Gründe des öffentlichen Wohls oder berechtigte Interessen Einzelner entgegenstehen. Unterlagen sind nur insoweit erforderlich, als diese für die Beratung und Beschlussfassung notwendig sind.

Die Gemeinderäte müssen vorab alle Informationen schriftlich erhalten, um sich eine vorläufige Meinung bilden zu können. Welche Unterlagen hierfür notwendig sind, lässt sich nicht allgemein bestimmen. Je schwieriger die Materie ist, je weniger sie für ehrenamtlich Tätige durchschaut werden kann, desto eher müssen Unterlagen zur Verfügung gestellt werden. Satzungstexte, Haushaltspläne müssen daher in jedem Fall den Gemeinderäten vorab schriftlich vorliegen.

## ▪ Tagesordnung

Mit der Einberufung der Sitzung sind den Gemeinderäten die **Verhandlungsgegenstände mitzuteilen**. Dies geschieht durch die Übersendung der Tagesordnung, die vom Vorsitzenden aufgestellt wird.

> Der Bürgermeister bestimmt nicht nur die Tagesordnungspunkte, sondern legt auch die Reihenfolge fest. Nur bis zum Sitzungsbeginn kann er Tagesordnungspunkte verschieben oder streichen. Zusätzliche Tagesordnungspunkte kann er nicht aufnehmen, da die Gemeinderäte hierfür keine Vorbereitungszeit hatten.

Nach Eintritt in die Verhandlung ist der Gemeinderat „Herr des Verfahren". Er kann durch Geschäftsordnungsanträge die Reihenfolge der Tagesordnungspunkte verändern oder absetzen. Der Geschäftsordnungsantrag bedarf der Mehrheit der anwesenden Mitglieder.

> Nach Eröffnung der Sitzung meldet sich Gemeinderat A mit der Bitte, den Tagesordnungspunkt „Verschiedenes" an den Beginn der Tagesordnung zu setzen. Der Bürgermeister muss über diesen Geschäftsordnungsantrag abstimmen lassen. Erhält der Antrag die einfache Mehrheit, wird der Tagesordnungspunkt vorgezogen.

Der Gemeinderat kann nur über einen Minderheitenantrag einer Fraktion oder eines Sechstels der Gemeinderäte verlangen, dass eine bestimmte genau bezeichnete Angelegenheit, die zur Zuständigkeit der Gemeinde und des Gemeinderats gehören muss, auf die Tagesordnung gesetzt wird. Dies muss spätestens bei der übernächsten Sitzung des Gemeinderats geschehen, es sei denn, die Angelegenheit ist in den letzten sechs Monaten bereits behandelt worden.

> Nach Eröffnung der Sitzung meldet sich Gemeinderat A mit der Bitte, einen zusätzlichen Tagesordnungspunkt aufzunehmen. Diesem Wunsch kann am gleichen Tag nicht entsprochen werden. Die Gemeinderäte konnten sich auf diesen Punkt ja nicht vorbereiten. Der Bürgermeister muss zunächst über diesen Antrag abstimmen lassen. Die einfache Mehrheit reicht nicht aus. Mindestens eine Fraktion oder ein Sechstel der Gemeinderäte ohne Bürgermeister muss zustimmen. Frühestens in der nächsten, spätestens in der übernächsten Sitzung muss der Tagesordnungspunkt dann aufgenommen werden.

Die Tagesordnung soll **alle Gegenstände** enthalten, über die zu beraten oder beschließen ist. Soweit sowohl öffentlich als auch nicht öffentlich zu verhandelnde Angelegenheiten vorliegen, ist die Tagesordnung aufzuteilen. Die Tagesordnungspunkte müssen zum Aufgabenbereich der Gemeinde gehören und in die Zuständigkeit des Gemeinderats fallen. Sie sind so genau zu bezeichnen, dass jeder daraus ersehen kann, worum es sich handelt, z.B. nicht nur „Personalangelegenheiten", sondern „Besetzung der Leitung des Hauptamtes".

Nur in Notfällen können in öffentlicher Sitzung Angelegenheiten behandelt werden, die nicht auf der Tagesordnung stehen. In nicht öffentlicher Sitzung ist dies darüber hinaus zulässig, wenn alle Mitglieder des Gemeinderats damit einverstanden sind.

### 4.2.2 Öffentlichkeit der Verhandlungen[67]

Die Verhandlungen des Gemeinderats sind grundsätzlich öffentlich. Die Bürger sollen sich durch die sie interessierenden Verhandlungen selbst ein Bild von der Arbeit im Gemeinderat machen können. Dies dient den künftigen Entscheidungen als Wähler und der Kontrolle der Verwaltung der Gemeinde. Damit die Bürger die Sitzung auch besuchen können, sind Zeit, Ort und Tagesordnung der öffentlichen Sitzungen rechtzeitig **ortsüblich bekannt zu geben.** Dafür gilt abgesehen von Notfällen eine Mindestfrist von 3 Tagen. Die Form der Bekanntgabe, z.B. Tageszeitung, Amtsblatt, Aushang usw., bestimmt der Gemeinderat, ansonsten der Bürgermeister.

Bei öffentlichen Sitzungen hat jeder **freien Zutritt** zum Sitzungsraum, soweit der vorhandene Raum ausreicht und die Ordnung in der Sitzung dadurch nicht gestört wird. Öffentliche Sitzungen dürfen deshalb nur innerhalb der Gemeinde und in Räumen, zu denen das ungehinderte Zugangsrecht für jedermann möglich ist, stattfinden. Wenn die Plätze nicht für alle Interessenten ausreichen, kann der Zugang zum Sitzungsraum beschränkt werden. Zuhörer dürfen nur den für sie vorgesehenen Teil des Sitzungsraums (Zuhörerteil) betreten, nicht den Beratungsteil. Sie dürfen sich weder zu den Verhandlungsgegenständen äußern noch Beifall oder Missfallen kundgeben. Wenn sie die Sitzung stören, können sie vom Vorsitzenden aus dem Sitzungsraum verwiesen werden.

- **Nichtöffentlichkeit der Verhandlungen**[68]

Es gibt Angelegenheiten, bei denen der Gesichtspunkt der Geheimhaltung schwerer wiegt als der Grundsatz der Öffentlichkeit. In solchen Fällen ist nicht öffentlich zu verhandeln und die Öffentlichkeit auszuschließen. Angelegenheiten sind geheim zu beraten und zu beschließen, wenn es das **öffentliche Wohl oder berechtigte Interessen Einzelner** erfordern.

---

67 § 35 Gemeindeordnung.

68 § 35 Abs. 1 Satz 2 Gemeindeordnung.

Das öffentliche Wohl erfordert eine nicht öffentliche Behandlung, wenn sich Angelegenheiten noch im Stand der Vorbereitung befinden, z.B. Grundstücksangelegenheiten, deren öffentliche Verhandlung Spekulationen auslösen könnten. Indes sind, entgegen einer weit verbreiteten Auffassung, Grundstücksgeschäfte nicht grundsätzlich nichtöffentlich zu behandeln.[69]

Berechtigte Interessen Einzelner erfordern eine nicht öffentliche Behandlung, wenn persönliche oder wirtschaftliche Verhältnisse einer Einzelperson zur Sprache kommen können, die anderen Personen nicht zugänglich sein sollen, z.B. bei Personalangelegenheiten. Soweit das Steuergeheimnis ohnehin kraft Gesetzes die Verschwiegenheit verlangt, muss in jedem Fall nicht öffentlich beraten werden.

Bei grundsätzlichen, die gesamte Bevölkerung wesentlich berührenden Angelegenheiten, z.B. dem Erlass von Satzungen, der Verabschiedung des Haushaltsplans oder der Festsetzung von Abgaben, darf die Öffentlichkeit nicht ausgeschlossen werden.

Nichtöffentliche Sitzungen müssen nicht vorher ortsüblich bekannt gegeben werden. An nicht öffentlichen Verhandlungen dürfen nur solche Personen teilnehmen, die daran dienstlich beteiligt sind, also außer den Gemeinderäten die zugezogenen Gemeindebediensteten, Sachverständigen und sachkundigen Einwohner. Über nicht öffentliche Verhandlungen ist Verschwiegenheit zu bewahren, und zwar nicht nur über das Ergebnis, sondern über deren gesamten Verlauf; diese gilt so lange, bis der Bürgermeister die Verschwiegenheit ausdrücklich aufhebt.

Der Vorsitzende kann bei der Aufstellung der Tagesordnung solche Gegenstände, bei denen er die Voraussetzungen für eine nicht öffentliche Verhandlung für gegeben hält, in den nicht öffentlichen Teil einer Sitzung verweisen. Der Gemeinderat kann von dieser Festlegung abweichen. Ihm steht jedoch dabei kein Ermessen zu, er ist an die gesetzlichen Vorgaben gebunden. Über die Frage, ob öffentlich oder nicht öffentlich verhandelt werden soll, ist selbst nicht öffentlich zu beraten und zu beschließen. Dabei werden meist schon diejenigen Gesichtspunkte angesprochen werden müssen, die für eine nicht öffentliche Verhandlung ausschlaggebend sind. Die öffentliche Verhandlung eines Gegenstandes, der auf dem nicht öffentlichen Teil der Tagesordnung aufgeführt ist, ist erst in einer späteren öffentlichen Sitzung möglich, da dieser Verhandlungsgegenstand nicht ortsüblich bekannt gegeben worden ist; Ausnahmen sind nur in Notfällen zulässig. Die Nichtöffentlichkeit einer Sitzung

69 Vgl. hierzu Zinell in https://publicus.boorberg.de/grundsaetzliche-auskunftspflicht-ueber-nicht-oeffentliche-gemeinderatssitzungen/.

wird dadurch geschaffen, dass die Zuhörer vom Vorsitzenden aufgefordert werden, den Sitzungsraum zu verlassen.

In nicht öffentlicher Sitzung gefasste Beschlüsse sind – entweder nach Wiederherstellung der Öffentlichkeit oder in der nächsten öffentlichen Sitzung, nach Wegfall der Geheimhaltungsgründe – im Wortlaut bekannt zu geben. Die Bekanntgabe beschränkt sich auf den Teil des Beschlusses, der nicht mehr verschwiegen zu behandeln ist, sie erstreckt sich nicht auch auf den Verlauf der Beratung.

### 4.2.3 Sitzungsleitung[70]

Eine Sitzung kann rechtswirksam nur unter der Leitung des Vorsitzenden stattfinden. Vorsitzender des Gemeinderats ist kraft Gesetzes der Bürgermeister, bei Verhinderung tritt an seine Stelle sein Stellvertreter.

Der Vorsitzende hat die Sitzung vorzubereiten, sie einzuberufen, die Tagesordnung aufzustellen und mitzuteilen, die erforderlichen Unterlagen der Einberufung beizufügen, öffentliche Sitzungen ortsüblich bekannt zu geben, die Sitzung zu eröffnen, die Verhandlung zu führen, die Ordnung in der Sitzung zu handhaben und die Sitzung zu schließen.

Als **Ordnungsmittel** steht dem Vorsitzenden gegenüber den Zuhörern das Hausrecht zu. Gegenüber Gemeinderäten hat der Vorsitzende als Ordnungsmittel den Ordnungsruf, die Entziehung des Wortes, die Verweisung aus der Sitzung, die Unterbrechung und bei anhaltenden Störungen die Schließung einer Sitzung. Ob und welche Ordnungsmittel der Vorsitzende anwendet, entscheidet er nach Ermessen. Der Gemeinderat kann darüber hinaus durch Beschluss bei grober Ungebühr oder fortgesetzten Verstößen gegen die Ordnung den Betreffenden für mehrere, höchstens jedoch sechs Sitzungen ausschließen. Dieser Ausschluss gilt auch für Ausschusssitzungen.

### 4.2.4 Beschlussfähigkeit[71]

Für rechtswirksame Beschlüsse muss der Gemeinderat beschlussfähig sein. Beschlussfähig ist der Gemeinderat regelmäßig, wenn mindestens die Hälfte aller Mitglieder – darunter der Vorsitzende – anwesend ist. Dabei ist nicht von der gesetzlichen Zahl der Mitglieder, sondern von der Zahl der tatsächlich besetzten Sitze im Gemeinderat (einschließlich Bürgermeister) auszugehen.

70 § 36 Gemeindeordnung.

71 § 37 Absatz 2 Gemeindeordnung.

In einer Gemeinde mit 6.000 Einwohnern sind von den 19 Sitzen im Gemeinderat nur 15 besetzt, weil keine Ersatzpersonen mehr zum Nachrücken da sind. Zur Beschlussfähigkeit müssen mindestens 8 Mitglieder (Gemeinderäte und Bürgermeister) erschienen sein.

Bei Befangenheit von mehr als der Hälfte aller Mitglieder ist der Gemeinderat dennoch beschlussfähig, wenn mindestens ein Viertel aller Mitglieder anwesend und stimmberechtigt ist.

Der Gemeinderat muss während der gesamten Beratung und bei jeder Beschlussfassung beschlussfähig sein. Es genügt nicht, wenn lediglich zu Beginn der Sitzung die Beschlussfähigkeit festgestellt wird und später einzelne Gemeinderäte die Sitzung vorzeitig verlassen. Sobald keine Beschlussfähigkeit mehr gegeben ist, kann nicht mehr weiter beraten und beschlossen werden.

Vor Ende der Tagesordnung müssen 2 Gemeinderäte vorzeitig gehen, wodurch die Beschlussfähigkeit nicht mehr gegeben ist. Mangels Beschlussfähigkeit können keine Beschlüsse mehr gefasst werden. Die Sitzung wird vom Bürgermeister geschlossen.

Es muss eine zweite Sitzung einberufen werden, in der der Gemeinderat beschlussfähig ist, wenn mindestens drei Mitglieder anwesend und stimmberechtigt, d.h. nicht befangen sind.

Bei der Einberufung zu dieser zweiten Sitzung ist darauf hinzuweisen, dass diese Zahl für die Beschlussfähigkeit ausreicht. Eine solche zweite Sitzung braucht aber nicht einberufen zu werden, wenn von vornherein feststeht, dass weniger als drei Mitglieder des Gemeinderats stimmberechtigt sind.

Ist der Gemeinderat auch in der zweiten Sitzung nicht beschlussfähig, entscheidet der Bürgermeister anstelle des Gemeinderats. Er muss zuvor jedoch diejenigen Gemeinderäte anhören, die in der Angelegenheit nicht befangen sind. An deren Stellungnahme ist er bei seiner Entscheidung nicht gebunden.

Ist auch der Bürgermeister und sind auch seine allgemeinen Stellvertreter befangen, so kann der Gemeinderat vor der Sachentscheidung aus seiner Mitte ein stimmberechtigtes, d.h. nicht befangenes Mitglied zum Stellvertreter des Bürgermeisters bestellen, sodass dieser anstelle des Gemeinderats entscheiden kann. Andernfalls kann die Rechtsaufsichtsbehörde einen Beauftragten bestellen.

### 4.2.5 Beratung

Regelmäßig geht den Beschlussfassungen des Gemeinderats eine entsprechende Beratung der Angelegenheit voraus. Besonders wichtige und schwierige Entscheidungen bedürfen einer eingehenden Erörterung. Die Beratung ist eine der wichtigsten Aufgaben der Gemeinderäte. Die Gemeinderäte sind verpflichtet, an der Beratung nach bestem Wissen und Gewissen teilzunehmen, zur Beratung beizutragen und mit ihrer Meinung „nicht hinter dem Berg zu halten".

Nachdem der Bürgermeister den Tagesordnungspunkt aufgerufen hat, erfolgt durch ihn selbst, einen von ihm beauftragten Gemeindebediensteten oder einen Sachkundigen der Sachvortrag. Nach dem Sachvortrag wird in die Aussprache eingetreten. Wer sprechen will, muss sich dazu dem Vorsitzenden gegenüber bemerkbar machen und zu Wort melden. Sprechen darf nur, wem vom Vorsitzenden das Wort erteilt wurde. Regelmäßig wird das Wort nach der zeitlichen Reihenfolge der Wortmeldungen erteilt, ausgenommen bei Meldungen zur Geschäftsordnung, die unverzüglich berücksichtigt werden.

Der Vorsitzende ist befugt, jederzeit das Wort zu ergreifen. Bis zur Beendigung der Aussprache kann sich jedes Mitglied mehrmals zu Wort melden. Nach der Aufforderung zur Stimmabgabe durch den Vorsitzenden darf das Wort nur zur Geschäftsordnung erteilt werden, wenn der Abstimmungs- oder Wahlvorgang dadurch nicht beeinflusst wird.

**Zuhörern** kann das Wort nicht erteilt werden. Als Zuhörer anwesende sachkundige Einwohner oder Sachverständige kann der Gemeinderat jedoch durch Beschluss in der Sitzung beratend zuziehen.[72]

Die Redezeit ist in der Regel unbegrenzt. Der Gemeinderat kann aus Gründen der Sitzungsökonomie eine Redezeitbegrenzung beschließen. Jeder Gemeinderat sollte sich nur dann zu Wort melden, wenn er zur Angelegenheit etwas beitragen kann, sei es zur Ergänzung oder Berichtigung des bereits Gesagten.

### ■ Sach- und Geschäftsordnungsanträge

Grundlage der Beratung und der Beschlussfassung sind Anträge, die vom Vorsitzenden oder aus der Mitte des Gemeinderats gestellt werden. Anträge sind Beschlussvorschläge, meist mit Begründung. Sie müssen verständlich und ausführbar sein, um über sie beraten und beschließen zu können.

72 § 33 Abs. 3 Gemeindeordnung. Vgl. S. 72 dieses Taschenbuches.

- **Sachanträge** verfolgen sachliche Ziele in einer bestimmten Angelegenheit.

  Gemeinderat M stellt den Sachantrag: „Ich beantrage, den bisherigen jährlichen Zuschuss an die Sozialstation von 1.000 € auf 2.000 € zu erhöhen, weil sich die Ausgaben seit der letzten Festsetzung des Zuschusses verdoppelt haben.“

  Sachanträge können bis zum Schluss der Aussprache vorgebracht werden. Bis zum Beginn der Abstimmung kann ein Antrag zurückgenommen oder geändert werden.
- **Geschäftsordnungsanträge** (Verfahrensanträge) zielen auf die verfahrensmäßige Behandlung von Sachanträgen ab.

  Gemeinderat F stellt folgenden Geschäftsordnungsantrag: „Ich beantrage, den Antrag des Gemeinderats M bis zur nächsten Sitzung zurückzustellen, damit die Gemeindeverwaltung feststellen kann, um wie viel und weshalb sich die Ausgaben der Sozialstation erhöht haben.“

  Zu Geschäftsordnungsanträgen gehören insbesondere:
  - Änderung der Tagesordnung,
  - Verzicht auf eine Aussprache,
  - Schluss der Rednerliste (der Wortmeldungen),
  - Schluss der Beratung (Antrag auf sofortige Abstimmung),
  - Verweisung der Angelegenheit an einen Ausschuss usw.,
  - Übergang zur Tagesordnung,
  - Vertagung der Angelegenheit (Zurückstellung),
  - Unterbrechung der Sitzung,
  - Ausschluss oder Herstellung der Öffentlichkeit,
  - Ausschluss von Personen wegen Befangenheit,
  - Zuziehung von Gemeindebediensteten, sachkundigen Einwohnern und Sachverständigen,
  - Feststellung der Beschlussfähigkeit,
  - Reihenfolge der Abstimmung.

Geschäftsordnungsanträge können jederzeit, also auch noch während der Beschlussfassung gestellt werden.

### 4.2.6 Beschlussfassung[73]

Der Gemeinderat kann nur durch gemeinsame Beratung und Beschlussfassung seine Meinung bilden und seine Entscheidungen treffen. Das Ergebnis seiner Willensbildung sind Beschlüsse.

73 § 37 Gemeindeordnung.

An einer Beschlussfassung können sich nur die in der Sitzung anwesenden, nicht befangenen stimmberechtigten Personen beteiligen. Außer bei schriftlichen und bei Offenlegungsbeschlüssen ist es nicht möglich, dass Gemeinderäte vorher oder nachher schriftlich oder mündlich außerhalb von Sitzungen ihre Stimme abgeben.

Beschlüsse werden entweder durch Abstimmung oder durch Wahl gefasst. Beide Formen unterscheiden sich in der Fragestellung, der erforderlichen Mehrheit und im Verfahren. Bei der Abstimmung wird über einen Antrag mit „Ja" oder mit „Nein" abgestimmt. Bei der Wahl findet eine Auswahl von Personen statt.

### ▪ Abstimmung

Die **Abstimmung** ist die regelmäßige Form der Beschlussfassung. Abstimmungen werden in öffentlichen und nicht öffentlichen Sitzungen grundsätzlich offen vorgenommen. Offen ist eine Abstimmung, wenn jeder bei der Verhandlung Anwesende erkennen kann, wie der einzelne Gemeinderat abstimmt. In der Regel werden die Gemeinderäte auf die Frage des Vorsitzenden als Zeichen ihrer Zustimmung die Hand erheben. Bei einfachen Angelegenheiten kann auch eine einstimmige Zustimmung angenommen werden, falls sich nicht ausdrücklich dagegen Widerspruch erhebt.

Die **geheime Abstimmung** soll die Ausnahme sein und nur bei besonderen Umständen auf Beschluss des Gemeinderats oder nach Bestimmung der Geschäftsordnung durchgeführt werden. Geheim wird schriftlich mit Stimmzetteln abgestimmt, die sich äußerlich nicht voneinander unterscheiden dürfen und verdeckt oder in Umschlägen abgegeben werden. Das Ergebnis wird gemeinsam durch den Schriftführer und einen oder mehrere Gemeinderäte festgestellt.

Bei Abstimmungen ist ein Antrag angenommen, wenn er die **Mehrheit** der Stimmen der in der Sitzung anwesenden, nicht befangenen Mitglieder des Gemeinderats (Gemeinderäte einschließlich Bürgermeister) erhalten hat. Die Anzahl der gültigen Ja-Stimmen muss mindestens um eine Stimme höher als die Anzahl der Nein-Stimmen sein. Dem Bürgermeister steht Stimmrecht zu, nicht dagegen den Beigeordneten. Bei Stimmengleichheit, wenn ebenso viel Ja-Stimmen wie Nein-Stimmen vorliegen, ist der Antrag abgelehnt. Ein Stichentscheid kommt dem Vorsitzenden nicht zu. Stimmenthaltungen werden nicht mitgezählt, sie gelten auch nicht als Nein-Stimmen.

> Gemeinderat F stellt den Antrag auf das Ende der Aussprache. Von den 14 Gemeinderäten und dem Bürgermeister stimmen 3 mit Ja, 2 mit Nein, 9 Mitglieder enthalten sich, 1 Gemeinderat fehlt in der Sitzung. Der Geschäftsordnungsantrag ist angenommen. Es liegen mehr Ja- als Nein-Stimmen vor. Die Aussprache ist beendet, der Bürgermeister führt die Abstimmung durch.

Gemeinderat M stellt den Antrag auf Erhöhung des Zuschusses auf 2.000 €. Von den mittlerweile nur noch anwesenden 11 Gemeinderäten und dem Bürgermeister stimmen 6 mit Ja, 6 mit Nein. Der Sachantrag ist damit nicht angenommen.

In einigen gesetzlich bestimmten Fällen genügt nicht die einfache Mehrheit, sondern es bedarf einer höheren Stimmenzahl **(qualifizierte Mehrheit).** Dies ist die

a) Mehrheit aller Mitglieder des Gemeinderats, also der tatsächlich im Gemeinderat besetzten Sitze einschließlich Bürgermeister
   - für den Erlass der Hauptsatzung,[74]
   - für freiwillige Grenzänderungen und[75]
   - für die Bestellung eines Amtsverwalters.[76]

Der Gemeinderat beschließt über die Hauptsatzung. Es stimmen von insgesamt 16 besetzten Sitzen (einschließlich Bürgermeister), 8 mit Ja, 4 mit Nein, 3 Mitglieder enthalten sich, 1 Gemeinderat fehlt in der Sitzung. Zwar wäre die einfache Mehrheit erreicht. Der Beschluss der Hauptsatzung erfordert jedoch die Mehrheit aller Mitglieder – nicht nur der anwesenden, d.h. es hätte 9 Ja-Stimmen bedurft. Die Hauptsatzung ist nicht beschlossen.

b) Zweidrittelmehrheit aller Mitglieder des Gemeinderats
   - die Unterstellung einer Angelegenheit unter den Bürgerentscheid,[77]
   - die Abberufung des Leiters des Rechnungsprüfungsamts[78] und
   - die Einbeziehung weiterer Bewerber für die Wahl des Ortsvorstehers.[79]

Der Gemeinderat beschließt über die Durchführung eines Bürgerentscheids. Es stimmen von insgesamt 16 besetzten Sitzen (einschließlich Bürgermeister), 11 mit Ja, 2 mit Nein, 2 Mitglieder enthalten sich, 1 Gemeinderat fehlt in der Sitzung. Der Antrag ist angenommen, die Mehrheit von 2/3 von 16 Sitzen wird mit 11 Ja-Stimmen erreicht.

74 § 4 Abs. 2 Gemeindeordnung.

75 § 8 Abs. 2 Satz 2 Gemeindeordnung.

76 § 48 Abs. 2 Gemeindeordnung.

77 § 21 Abs. 1 Gemeindeordnung.

78 § 109 Abs. 4 Satz 2 Gemeindeordnung.

79 § 71 Abs. 1 Satz 2 Gemeindeordnung.

c) Mehrheit von zwei Dritteln der anwesenden Mitglieder des Gemeinderats für Personalentscheidungen, die ohne das Einvernehmen des Bürgermeisters ergehen sollen.[80]

Der Gemeinderat berät über die Einstellung des neuen Bauhofleiters. Der Bürgermeister verweigert sein Einvernehmen für den vom Gemeinderat gewählten Bewerber. Der Gemeinderat kann mit einer 2/3-Mehrheit der anwesenden Mitglieder das fehlende Einvernehmen ersetzen. Von insgesamt 16 besetzten Sitzen (einschließlich Bürgermeister), stimmen 9 mit Ja, 2 mit Nein, 2 Mitglieder enthalten sich, 3 Gemeinderäte fehlen in der Sitzung. Der Antrag ist angenommen, die Mehrheit von 2/3 von 13 Sitzen (anwesende Mitglieder) wird mit 9 Ja-Stimmen erreicht.

d) einstimmige Zustimmung aller Mitglieder für die Ausnahme von dem Verbot der Verwandtschaft des Kassenverwalters und seines Stellvertreters mit dem Bürgermeister und dessen Stellvertreter in Gemeinden bis zu 2.000 Einwohnern.[81]

Ein zur Abstimmung gestellter Antrag ist so klar und eindeutig zu fassen, dass auf ihn mit „Ja“ oder mit „Nein“ geantwortet und er als Ganzes angenommen oder abgelehnt werden kann. Es kann jeweils nur über einen Antrag abgestimmt werden. Besteht ein Antrag aus mehreren selbstständigen Teilen, so sind diese voneinander getrennt zur Abstimmung zu bringen. Liegen mehrere gleichartige Anträge vor, so kann über sie zusammen abgestimmt werden.

Mitunter ist es nicht einfach, zu entscheiden, in welcher **Reihenfolge** über mehrere vorliegende Anträge abgestimmt werden soll. Die Reihenfolge kann jedoch für den Ausgang in der Sache entscheidend sein. Erhält ein Antrag die erforderliche Mehrheit, ist der Tagesordnungspunkt abgeschlossen, über weitere Anträge wird dann nicht mehr abgestimmt.

Soweit die Geschäftsordnung nichts bestimmt, können für die Reihenfolge der Anträge bei der Abstimmung allgemein übliche Grundsätze angewendet werden. Danach wird über Geschäftsordnungsanträge vor Sachanträgen abgestimmt, und zwar meist ohne Aussprache. Durch die Annahme eines solchen Antrags kann die weitere Beratung hinfällig werden, z. B. bei einem Antrag auf Vertagung der Angelegenheit.

Bei **Geschäftsordnungsanträgen** ist folgende Reihenfolge üblich:

1. Anträge auf Übergang zur Tagesordnung;
2. Anträge auf Vertagung;
3. Anträge auf Schluss der Beratung;

80 § 24 Abs. 2 Satz 2 Gemeindeordnung.

81 § 93 Abs. 3 Satz 2 Gemeindeordnung.

4. Anträge auf Schluss der Rednerliste;
5. im Übrigen gehen diejenigen Anträge vor, die der verfahrensmäßigen Weiterbehandlung der Angelegenheit am meisten widersprechen. Falls eine solche Unterscheidung nicht gemacht werden kann, gehen die früher gestellten Anträge vor.

Bei **Sachanträgen** ist folgende Reihenfolge üblich:

1. Wenn die Geschäftsordnung dies bestimmt, gehen die Anträge der Ausschüsse oder der Gemeindeverwaltung vor;
2. Nebenanträge werden vor dem Hauptantrag zur Abstimmung gestellt;
3. weitergehende Anträge gehen vor;
4. im Übrigen gehen die zeitlich früher gestellten Anträge vor.

Nach der Aussprache liegen folgende Anträge zur Abstimmung vor:
- Bürgermeister (Vorschlag der Verwaltung): Der Zuschuss an den Kultur-Verein beträgt 5.000 €.
- Gemeinderat A: Der Zuschuss an den Kultur-Verein beträgt 10.000 €.
- Gemeinderat F: Der Beschluss soll vertagt werden.
- Gemeinderat C: Der Zuschuss an den Kultur-Verein beträgt 3.000 €.

Über Geschäftsordnungsanträge ist zuerst abzustimmen. Erhält der Vertagungsantrag von Gemeinderat F keine Mehrheit, ist über die Sachanträge zu beschließen.

Sofern die Geschäftsordnung keine anderslautende Regelung enthält, ist zunächst über den weitest gehenden Antrag gegenüber dem Vorschlag der Verwaltung abzustimmen, d.h. über einen Zuschuss von 10.000 €. Erhält dieser Antrag die Mehrheit, ist der Tagesordnungspunkt abgeschlossen.

Findet er keine Mehrheit, wird über einen Zuschuss von 3.000 € abgestimmt. Findet er auch keine Mehrheit, wird über den Vorschlag der Verwaltung abgestimmt.

Sollte dieser Antrag auch keine Mehrheit finden, muss der Tagesordnungspunkt bei Bedarf auf einer nächsten Sitzung nochmals behandelt werden.

## ■ Wahlen

Wahlen sind durchzuführen bei der

- Einstellung, Ernennung und Entlassung, teils auch bei Höhergruppierung von Gemeindebediensteten,[82]

82 § 24 Abs. 2 Gemeindeordnung.

- Bildung von Ausschüssen, falls keine Einigung zustande kommt,[83]
- Bestellung von Stellvertretern des Bürgermeisters, Beigeordneten, des Amtsverwesers sowie bei der Bestellung von Vertretern der Gemeinde in Verbänden, Organen usw.[84]

Bei der Beschlussfassung steht eine Auswahlentscheidung an, die nicht mit Ja oder Nein beantwortet werden kann.

Wahlen sind im Unterschied zu Abstimmungen **grundsätzlich geheim,** und zwar sowohl in öffentlichen als auch in nicht öffentlichen Sitzungen. Sie werden schriftlich mit Stimmzetteln vorgenommen.[85] Zur Geheimhaltung sind Stimmzettel zu verwenden, die sich äußerlich nicht unterscheiden. Von einer geheimen Wahl kann der Gemeinderat absehen und durch **Zuruf** wählen, wenn kein Mitglied widerspricht.

Wahlen werden regelmäßig als **Mehrheitswahl** durchgeführt.[86] Gewählt ist, wer mehr als die Hälfte der Stimmen der anwesenden stimmberechtigten Mitglieder des Gemeinderats (absolute Mehrheit) erhalten hat. Anders als bei Abstimmungen werden also Stimmenthaltungen bei der Berechnung der erforderlichen Mehrheit mitgezählt. Auch bei Wahlen hat der Bürgermeister Stimmrecht, nicht aber die Beigeordneten.

Der Gemeinderat beschließt über die Besetzung der Amtsleitung des Kulturamts. Es stimmen von insgesamt 16 besetzten Sitzen (einschließlich Bürgermeister) 7 für Bewerberin A, 5 für Bewerber B, 3 für Bewerber C, 1 Gemeinderat fehlt in der Sitzung. Anwesend sind 15 Mitglieder, die Bewerberin A hat die notwendige Mehrheit von 8 Stimmen verfehlt.

Wird bei der Mehrheitswahl die absolute Mehrheit der anwesenden Stimmberechtigten nicht im ersten Wahlgang für eine Bewerberin bzw. einen Bewerber erreicht, findet zwischen den beiden Bewerbern mit der höchsten und der nächsthöchsten Stimmenzahl in derselben Sitzung eine **Stichwahl** statt.[87] Bei dieser ist gewählt, wer die höchste Stimmenzahl erhalten hat (relative Mehrheit).

Der Gemeinderat beschließt über die Besetzung der Amtsleitung des Kulturamts. Nachdem der erste Wahlgang keine Mehrheit gebracht hat, findet zwischen Bewerberin A und Bewerber B eine Stichwahl statt.

---

83 § 40 Abs. 2 Gemeindeordnung.

84 U. a. §§ 48 Abs. 1 ff., 50 Abs. 2 und 104 Gemeindeordnung.

85 § 37 Abs. 7 Satz 1 Gemeindeordnung.

86 § 37 Abs. 7 Satz 3 Gemeindeordnung.

87 § 37 Abs. 7 Satz 4 Gemeindeordnung.

Es stimmen von insgesamt 16 besetzten Sitzen, 6 für Bewerberin A, 5 für Bewerber B, 4 Mitglieder enthalten sich, 1 Gemeinderat fehlt in der Sitzung. Bewerberin A ist damit gewählt, sie hat die höchste Stimmenzahl erhalten.

Steht nur eine Bewerberin bzw. Bewerber zur Wahl und erhält diese bzw. dieser im ersten Wahlgang nicht die absolute Mehrheit, ist auch im zweiten Wahlgang, der eine Woche später stattfinden soll, wieder die absolute Mehrheit nötig. Entfällt bei der Stichwahl auf beide Bewerber die gleiche Stimmenzahl, so entscheidet das **Los.**[88] Dazu bestimmt der Gemeinderat, wer aus seiner Mitte das Los ziehen soll, das in Abwesenheit der betroffenen Bewerber vorbereitet wird.

Ausnahmsweise wird eine **Verhältniswahl** durchgeführt, wenn dies gesetzlich vorgeschrieben ist. Dies ist der Fall bei

- der Bildung von Ausschüssen, wenn keine Einigung zustande kommt oder keine Mehrheitswahl durchzuführen ist,[89]
- der Wahl von mehreren Vertretern der Gemeinde in die Verbandsversammlung von Zweckverbänden sowie für die Verbandsversammlung des Gemeindeverwaltungsverbands und den gemeinsamen Ausschuss der vereinbarten Verwaltungsgemeinschaft.[90]

- **Durchführung von Sitzungen ohne persönliche Anwesenheit der Mitglieder im Sitzungsraum**[91]

Durch die Hauptsatzung kann bestimmt werden, dass notwendige Sitzungen ohne persönliche Anwesenheit der Mitglieder im Sitzungsraum durchgeführt werden können, sofern gewährleistet ist, dass eine Beratung und Beschlussfassung zeitgleich virtuell (digital) möglich ist. Dieses Verfahren darf bei Gegenständen einfacher Art[92] und ansonsten nur gewählt werden, wenn die Sitzung anderenfalls aus schwerwiegenden Gründen nicht ordnungsgemäß durchgeführt werden könnte. Schwerwiegende Gründe sind beispielsweise Naturkatastrophen und Gründe des Seuchenschutzes (Covid-19-Virus etc.). Bei öffentlichen virtuellen Sitzungen muss eine zeitgleiche Übertragung von Bild und Ton in einen öffentlich zugänglichen Raum erfolgen.

88 § 37 Abs. 7 Satz 5 Gemeindeordnung.

89 § 40 Abs. 2 Gemeindeordnung.

90 Vgl. u.a. § 13 Abs. 4 Satz Gesetz über die kommunale Zusammenarbeit i. V. m. § 40 Abs. 2 Gemeindeordnung.

91 § 37a Gemeindeordnung

92 Vgl. nachfolgenden Abschnitt.

- **Beschlussfassung außerhalb einer Sitzung**[93]

Über **Gegenstände einfacher Art,** bei denen eine mündliche Beratung nicht erforderlich erscheint, kann im **schriftlichen oder elektronischen Verfahren** beschlossen werden. Dies ist eine einfache und rasche Art der Erledigung. Einfach ist eine Angelegenheit, wenn die Entscheidung für die Gemeinde oder die sonstigen Beteiligten unerheblich und somit leicht zu treffen ist. Darunter fallen **nicht**

1. Angelegenheiten, die erhebliche finanzielle Folgen haben können,
2. rechtlich komplexe Fragestellungen, die der Gemeinderat nicht auf Ausschüsse übertragen kann,
3. Angelegenheiten, an denen die Öffentlichkeit ein besonderes Interesse hat und die deshalb öffentlich zu verhandeln sind.

Auf die Ausschreibung für Malerarbeiten hat nur ein Unternehmen ein Angebot abgegeben. Die Angebotsprüfung hat keine Ablehnungsgründe ergeben. Da kein Sitzungstermin ansteht, soll die Beschlussfassung im schriftlichen Verfahren erfolgen.

Vom Bürgermeister wird eine schriftliche Vorlage (Antrag mit Begründung) gefertigt und allen Gemeinderäten einzeln zugesandt. Kranke Gemeinderäte sind einzubeziehen, auch solche, die von der nächsten Sitzung des Gemeinderats ausgeschlossen sind. Ein Antrag ist angenommen, wenn kein Mitglied des Gemeinderats widersprochen hat. Ein etwaiger Widerspruch ist auf dem Schriftstück zu vermerken oder auf sonstige Weise eindeutig zu erklären. Wird der Antrag nicht angenommen, ist er damit noch nicht abgelehnt, sondern er kann nur in einer Sitzung des Gemeinderats weiterbehandelt werden.

Die zweite Ausnahme von der Regel, dass der Gemeinderat nur in einer Sitzung beraten und beschließen kann, ist das **Offenlegungsverfahren.** Dieses ist ebenfalls nur bei einfachen Angelegenheiten zulässig. Die Offenlegung eignet sich insbesondere für solche Gegenstände, die in Listen oder Akten niedergelegt und deren Unterlagen umfangreich sind, z.B. Bauunterlagen.

Der Gemeinderat hat über die Befreiung von Festsetzungen in Bebauungsplänen zu entscheiden. Die Abweichungen sind gering. Die Beschlussfassung soll daher im Offenlegungsverfahren erfolgen. Der Bürgermeister hat hierzu einen schriftlichen Antrag mit Begründung zu fertigen. Für das Offenlegungsverfahren gibt es zwei Möglichkeiten: Offenlegung in einer Sitzung oder außerhalb einer Sitzung. In der Sitzung können die Gegenstände, über die im Wege der Offenlegung beschlossen werden soll,

93 § 37 Abs. 1 Satz 2 Gemeindeordnung.

nach Aufführung in der Tagesordnung im Sitzungsraum oder einem anderen geeigneten Raum zur Einsichtnahme durch die Gemeinderäte aufgelegt werden. Außerhalb einer Sitzung kann die Offenlegung dadurch erfolgen, dass die Gemeinderäte schriftlich darauf hingewiesen werden, dass die Gegenstände während einer angemessenen Frist in einem bezeichneten Raum zur Einsicht aufliegen.

Ein Beschluss im Sinne des Antrags ist beim Offenlegungsverfahren zustande gekommen, wenn während der Offenlegung in einer Sitzung oder außerhalb in der gesetzten Frist kein Gemeinderat widerspricht. Der Widerspruch kann mündlich oder schriftlich erfolgen. Wird widersprochen, so kann die Angelegenheit nur in einer Sitzung weiterbehandelt werden.

### 4.2.7 Beendigung der Sitzung

Wie die Sitzung nur durch den Vorsitzenden eröffnet werden kann, so kann sie auch nur durch diesen geschlossen werden.[94] Eine Sitzung wird regelmäßig geschlossen, wenn die Tagesordnung abgewickelt ist oder schon früher, wenn vom Gemeinderat die Vertagung der Sitzung beschlossen wird. Sie ist zu schließen, wenn der Gemeinderat nicht mehr beschlussfähig ist oder die Verhandlungen so gestört werden, dass sie nicht mehr ordnungsgemäß weitergeführt werden können.

Zu unterscheiden von der endgültigen Schließung einer Sitzung ist ihre **Unterbrechung** durch Beschluss des Gemeinderats oder auf Entscheidung des Vorsitzenden.

### 4.2.8 Niederschrift[95]

Über alle öffentlichen und nicht öffentlichen Verhandlungen des Gemeinderats ist eine fortlaufende Niederschrift zu führen. In dieser sind der wesentliche Verlauf und das Ergebnis der Verhandlungen aufzunehmen. Die Niederschrift ist vom Schriftführer zu fertigen. Schriftführer kann der Bürgermeister, ein Gemeindebediensteter, ein Gemeinderat oder eine sonstige Person sein.

In die Niederschrift sind **mindestens aufzunehmen** der Name des Vorsitzenden, die Zahl der anwesenden Gemeinderäte, die Namen der fehlenden Gemeinderäte und die Gründe ihres Fehlens, die Verhandlungsgegenstände, die Anträge und die Beschlüsse mit den einzelnen Abstimmungs- und Wahlergebnissen. Auf Verlangen des Vorsitzenden oder von Gemeinderäten ist auch deren Erklärung oder die Art seiner Stimmab-

---

94 § 36 Abs. 1 Satz 1 Gemeindeordnung.

95 § 38 Gemeindeordnung.

gabe aufzunehmen, wenn dies in der Sitzung oder spätestens bis zur Beendigung der Sitzung beantragt wird. Weiter ist es üblich und zweckmäßig, den Beginn, die Dauer, den Ort der Sitzung, etwaige Unterbrechungen, das Abtreten befangener Personen, Ordnungsverstöße in öffentlichen oder nicht öffentlichen Verhandlungen und alle sonstigen wesentlichen Ereignisse, insbesondere grundsätzliche Ausführungen der Redner, aufzunehmen. Die Niederschrift ist keine Gültigkeitsvoraussetzung, sie gilt lediglich als Beweisvermutung, die widerlegt werden kann.

Die Niederschrift ist innerhalb eines Monats dem Gemeinderat **bekannt zu geben.** Über die Form der Bekanntgabe entscheidet, falls in der Geschäftsordnung oder durch Beschluss des Gemeinderats darüber nichts bestimmt worden ist, der Bürgermeister. Gemeinderäte, die an der Sitzung teilgenommen haben, können Einwendungen gegen die Niederschrift erheben, wenn sie der Auffassung sind, die Niederschrift sei nicht richtig oder nicht vollständig abgefasst. Über die Einwendungen entscheidet der Gemeinderat.

Die Niederschrift ist vom Vorsitzenden, vom Schriftführer und von mindestens zwei Gemeinderäten, die an der Sitzung teilgenommen haben, zu **unterzeichnen.** Mit der Unterzeichnung wird bestätigt, dass die Niederschrift die Verhandlung und ihr Ergebnis richtig und vollständig wiedergibt. Die Unterzeichnung bedeutet jedoch nicht, dass der unterzeichnende Gemeinderat mit den in der Niederschrift enthaltenen Beschlüssen einverstanden ist.

Ob **Auszüge oder Abschriften** aus der Niederschrift erteilt werden und an wen, entscheidet der Bürgermeister nach Ermessen. In die Niederschriften öffentlicher und nicht öffentlicher Sitzungen kann jeder Gemeinderat jederzeit Einsicht nehmen, auch wenn er an der Sitzung nicht teilgenommen hat, ausgenommen bei Befangenheit. Kopien von Niederschriften über nicht öffentliche Sitzungen dürfen jedoch nicht ausgehändigt werden. Dagegen haben Einwohner nur das Recht auf Einsicht in die Niederschriften über öffentliche Sitzungen und auch dies erst, wenn die Niederschrift bekannt gegeben und unterzeichnet ist.

## 4.3 Teilnahme sonstiger Personen

Nur Gemeinderäte und der Bürgermeister nehmen an den Sitzungen des Gemeinderats mit Rede- und Stimmrecht teil. Zusätzlich haben weitere Personen das Recht bzw. die Pflicht mit beratender Stimme an den Sitzungen mitzuwirken. Der konkrete Umfang des Rederechts hängt vom jeweiligen Status der Personengruppe ab.

### 4.3.1 Teilnahme- und Rederecht

- **Beigeordnete**[96] sind berechtigt und bei Angelegenheiten ihres Geschäftskreises oder einer Anordnung durch den Bürgermeister auch verpflichtet, an den Sitzungen des Gemeinderats teilzunehmen. Sie haben zwar kein Stimmrecht, können sich jedoch jederzeit zu Wort melden. Der Gemeinderat kann durch Beschluss verlangen, dass ein Beigeordneter seine Stellungnahme zu einer Angelegenheit vorträgt.
- **Ortsvorsteher**[97] sind berechtigt, an den Sitzungen des Gemeinderats teilzunehmen und können sich jederzeit zu Wort melden.

### 4.3.2 Teilnahmerecht ohne eigenständiges Rederecht

- **Gemeindebedienstete**[98] müssen an Sitzungen des Gemeinderats teilnehmen, wenn dies der Gemeinderat beschließt oder der Bürgermeister anordnet; sie können teilnehmen, wenn der Bürgermeister dies zulässt. Sie können vom Bürgermeister beauftragt werden, den Sachvortrag zu übernehmen oder Auskünfte zu erteilen. Dies kann auch vom Gemeinderat durch Beschluss verlangt werden. Im Übrigen können sie das Wort nur erhalten, wenn der Vorsitzende es ihnen erteilt. Ein Stimmrecht kommt ihnen nicht zu.
- **Rechtsaufsichtsbehörden**[99] können verlangen, dass sie zu Sitzungen zugelassen werden, wenn dies zur Wahrnehmung ihrer Aufsichtsbefugnisse erforderlich ist.
- Bei schwierigen Angelegenheiten oder speziellen Fachfragen ist es ratsam und vielfach erforderlich, sachkundige Personen vor der Entscheidung zu hören. Der Gemeinderat kann daher beschließen, **sachkundige Einwohner und sonstige Sachverständige,**[100] die nicht Gemeindeeinwohner sein müssen, z.B. Architekten, zu den Beratungen zuzuziehen. Er kann mit der Zuziehung auch den Bürgermeister beauftragen.
  Sachkundige Einwohner und Sachverständige können nicht für dauernd zugezogen werden, sondern nur für einzelne Verhandlungsgegenstände. Sie nehmen an der Sitzung nicht als Zuhörer, sondern im Beratungsteil des Sitzungsraums teil und sie haben Ausführungen zu machen, soweit sie darum gebeten werden oder dies nach der Sache erforderlich ist. Solche Personen können auch zu nicht öffentlichen Sitzungen zugezogen werden.

---

96 § 33 Abs. 1 Gemeindeordnung.

97 § 71 Abs. 4 Gemeindeordnung.

98 § 33 Abs. 2 Gemeindeordnung.

99 § 120 Gemeindeordnung.

100 § 33 Abs. 3 Gemeindeordnung.

- Der Gemeinderat kann nach seinem Ermessen bei öffentlichen Sitzungen Einwohnern und diesen gleichgestellten Personen (Gewerbetreibenden in der Gemeinde) sowie Personenvereinigungen die Möglichkeit einräumen, Fragen zu Gemeindeangelegenheiten zu stellen oder Anregungen und Vorschläge zu unterbreiten **(Fragestunde für Einwohner).** Er kann außerdem betroffenen Personen und Personengruppen Gelegenheit geben, ihre Auffassung im Gemeinderat vorzutragen **(Anhörung von Einwohnern).** Die Einzelheiten dafür sind in der Geschäftsordnung des Gemeinderats zu regeln.[101]

## 4.4 Vollzug von Beschlüssen[102]

Der Gemeinderat kann seine Beschlüsse nicht selbst vollziehen und auch nicht einzelne Gemeinderäte oder Gemeindebedienstete dazu anweisen. Zuständig für den Vollzug der Beschlüsse ist ausschließlich der Bürgermeister. Der Gemeinderat hat ihn dabei zu überwachen.

Der Bürgermeister muss nicht höchstpersönlich die Beschlüsse des Gemeinderats vollziehen. Er kann damit Gemeindebedienstete und Bedienstete der Verwaltungsgemeinschaft beauftragen oder sonstige Personen, wie z.B. Rechtsanwälte, Ingenieurbüros etc., dazu bevollmächtigen.

Der Bürgermeister ist verpflichtet, Gemeinderatsbeschlüsse grundsätzlich unverzüglich auszuführen, es sei denn, dass

- der Gemeinderat etwas anderes bestimmt hat,
- sich aus der Natur der Sache eine Verzögerung ergibt,
- der Bürgermeister dem Beschluss widersprochen oder
- die Rechtsaufsichtsbehörde den Beschluss beanstandet hat.

Der Gemeinderat hat den Vollzug seiner Beschlüsse zu überwachen. Er kann sich dazu die erforderlichen Auskünfte vom Bürgermeister geben lassen. Dagegen ist es nicht Sache des Gemeinderats, die Art des Vollzugs im Einzelnen zu bestimmen, denn dies steht im Ermessen des Bürgermeisters.

Der Gemeinderat kann seine Beschlüsse ändern oder aufheben, soweit sie noch nicht vollzogen und keine Bindungen für die Gemeinde daraus entstanden sind. Nach der Ausführung kann der Gemeinderat einen

101 § 33 Abs. 4 Gemeindeordnung.

102 § 43 Abs. 1 Gemeindeordnung.

Beschluss ändern oder aufheben, wenn dieser gesetzwidrig oder ein Widerruf zugelassen ist oder die Gemeinde sich einen Widerspruch vorbehalten hat.

## 4.5 Unterrichtung des Gemeinderats

Der Gemeinderat kann seine Aufgaben nur erfüllen, wenn er rechtzeitig und umfassend über die Angelegenheiten der Gemeinde informiert ist. Es bestehen daher gesetzliche Informationspflichten sowie Informationsrechte, die den einzelnen Gemeinderäten oder nur einer Gruppe von Gemeinderäten zustehen.

### 4.5.1 Unterrichtungspflicht des Bürgermeisters[103]

Der Bürgermeister ist verpflichtet, von sich aus den Gemeinderat über alle wichtigen – nicht schlechthin über alle – die Gemeinde und ihre Verwaltung betreffenden Angelegenheiten zu informieren. Bei wichtigen Planungen ist der Gemeinderat möglichst frühzeitig über die Absichten und Vorstellungen der Gemeindeverwaltung sowie laufend über den Stand und den Inhalt der Planungsarbeiten zu unterrichten. Auf welche Weise und zu welcher Zeit die Unterrichtung geschieht, liegt im Ermessen des Bürgermeisters.

### 4.5.2 Fragerecht der Gemeinderäte[104]

Jede Gemeinderätin bzw. jeder Gemeinderat kann an den Bürgermeister schriftliche, elektronische oder in einer Sitzung des Gemeinderats mündliche Anfragen über einzelne Angelegenheiten der Gemeinde und ihrer Verwaltung richten. Die Fragen sind vom Bürgermeister binnen einer angemessenen Frist zu beantworten. Die näheren Einzelheiten hat der Gemeinderat in seiner Geschäftsordnung zu regeln.

### 4.5.3 Informationsrecht des Gemeinderats als Organ[105]

Der Bürgermeister ist verpflichtet, den Gemeinderat als Organ zu unterrichten, wenn er dies beschließt oder wenn eine Fraktion oder ein Sechstel aller Gemeinderäte (ohne Bürgermeister) dies verlangt. Dieses Unterrichtungsrecht des Gemeinderats ist sachlich unbeschränkt

103 § 43 Abs. 5 Gemeindeordnung.

104 § 24 Abs. 4 Gemeindeordnung.

105 § 24 Abs. 3 Gemeindeordnung.

und umfasst auch diejenigen Angelegenheiten, für die der Bürgermeister zuständig ist.

Ein Antrag der Minderheit kann mündlich während einer Sitzung oder schriftlich außerhalb davon gestellt werden. Die Unterrichtung kann durch mündlichen oder schriftlichen Bericht des Bürgermeisters oder eines von ihm beauftragten Gemeindebediensteten, durch Akteneinsicht oder durch Besichtigung an Ort und Stelle erfolgen. Anträge auf Unterrichtung sind an den Bürgermeister, nicht an einzelne Gemeindebedienstete zu richten. Zur Beantwortung muss dem Bürgermeister die dazu erforderliche Zeit zugestanden werden. Jede Gemeinderätin bzw. jeder Gemeinderat hat das Recht auf Einsicht in den Prüfungsbericht der überörtlichen Prüfung.

### 4.5.4 Recht auf Akteneinsicht[106]

Der Gemeinderat als Organ kann sich zusätzlich zur Berichterstattung des Bürgermeisters durch Akteneinsicht selbst ein Bild über eine Situation verschaffen. Der Antrag muss mindestens von einem Viertel der Gemeinderäte unterstützt werden. Für die Akteneinsicht wird in der Regel ein besonderer Ausschuss gebildet.

106 Ebenda.

# 5 Ausschüsse, sonstige Gremien und Zusammenschlüsse

Die Arbeit des Gemeinderats ist in größeren und mittleren Gemeinden so umfangreich, dass sie ohne Unterstützung durch Ausschüsse nicht geleistet werden kann. Ausschüsse sollen der Entlastung des Gemeinderats dienen und eine schnelle, einfache Erledigung der Angelegenheiten bewirken. Beschließende Ausschüsse treten dabei an die Stelle des Gemeinderats.

## 5.1 Ausschüsse

Ausschüsse sind in allen Gemeinden zulässig. Ob und welche Ausschüsse der Gemeinderat bildet und welche Zuständigkeiten er diesen überträgt, steht grundsätzlich in seinem Ermessen und richtet sich nach den örtlichen Bedürfnissen, der Größe und Zusammensetzung des Gemeinderats, dem Umfang der Verwaltungstätigkeit etc. Ausschüsse können vom Gemeinderat jederzeit gebildet, geändert und aufgehoben werden. Nur ausnahmsweise ist die Gemeinde verpflichtet, bestimmte Ausschüsse zu bilden, z.B. für Gemeindewahlen den Gemeindewahlausschuss. Üblich sind z.B. Verwaltungs-, Personal-, Finanz-, Bau-, Wirtschafts-, Kultur-, Sport- und Schulausschüsse etc.

### 5.1.1 Beschließende Ausschüsse[107]

Beschließende Ausschüsse entscheiden anstelle des Gemeinderats (§ 39 Gemeindeordnung). Der Gemeinderat muss in der **Hauptsatzung** bestimmen, wenn ihnen Aufgaben zur dauernden Erledigung übertragen werden sollen. Beschließende Ausschüsse zur Erledigung einzelner Angelegenheiten, also mit vorübergehendem Auftrag, können auch durch **Gemeinderatsbeschluss** gebildet werden. Den Ausschüssen können bestimmte Aufgaben und Aufgabengebiete zur selbstständigen Erledigung übertragen werden. Besonders wichtige Entscheidungen sind jedoch dem Gemeinderat vorbehalten. Solche nicht übertragbaren Angelegenheiten sind im Gesetz abschließend aufgeführt (§ 39 Abs. 2 Gemeindeordnung).

---

107 § 39 Gemeindeordnung.

Folgende Angelegenheiten sind z. B. zwingend dem Gemeinderat vorbehalten und können nicht auf beschließende Ausschüsse übertragen werden:
- Bestellung der Stellvertreter des Bürgermeisters,
- Erlass von Satzungen oder der Polizeiverordnung,
- Festsetzung von Abgaben.

## ▪ Zusammensetzung

- **Vorsitzender** der beschließenden Ausschüsse ist der Bürgermeister. Er kann den Vorsitz für dauernd oder für den Einzelfall auf einen Stellvertreter oder einen Beigeordneten sowie – wenn alle Stellvertreter oder Beigeordneten verhindert sind – auch an ein Mitglied des Ausschusses, das dem Gemeinderat angehört, übertragen. Er kann den Vorsitz auch jederzeit wieder formlos an sich ziehen.
- Neben dem Vorsitzenden bestehen beschließende Ausschüsse aus **mindestens vier Mitgliedern** (Gemeinderäten). Die Mitglieder und **Stellvertreter** wählt der Gemeinderat widerruflich aus seiner Mitte. Die Wahl findet nach jeder regelmäßigen Gemeinderatswahl statt. Wenn keine Einigung über die Besetzung der Ausschüsse erzielt wird, werden die Mitglieder des Ausschusses von den Gemeinderäten nach den Grundsätzen der Verhältniswahl gewählt. Wird kein oder nur ein gültiger Wahlvorschlag eingereicht, findet die Wahl nach den Grundsätzen der Mehrheitswahl statt, wobei keine Bindung an einen Wahlvorschlag besteht.
- In beschließende Ausschüsse können durch den Gemeinderat **sachkundige Einwohner als ständige Mitglieder** mit beratender Stimme zugewählt werden; ihre Zahl muss geringer sein als die Zahl der Gemeinderäte als Mitglieder. Diese Mitglieder müssen nicht die Voraussetzungen für die Wählbarkeit in den Gemeinderat besitzen. Die Zugewählten können sich jederzeit zu Wort melden. Bei der Feststellung der Beschlussfähigkeit und des Beschlussergebnisses zählen sie nicht mit. Sie haben kein Stimmrecht. Unabhängig davon können in einzelnen Angelegenheiten sachkundige Einwohner oder Sachverständige zugezogen werden.

## ▪ Verhältnis zum Gemeinderat

Beschließende Ausschüsse entscheiden selbstständig anstelle des Gemeinderats (§ 39 Abs. 3 Satz 1 Gemeindeordnung). Sie können einzelne Angelegenheiten von besonderer Bedeutung für die Gemeinde an den Gemeinderat **abgeben;** wenn es in der Hauptsatzung vorgesehen ist, kann dies schon ein Viertel der stimmberechtigten Mitglieder des Ausschusses verlangen. Der Gemeinderat kann solche Angelegenheiten jedoch wieder an den Ausschuss **zurückverweisen.** In der Hauptsatzung kann sich der Gemeinderat ferner vorbehalten, einem Ausschuss allgemein oder im Einzelfall Weisungen zu erteilen, einzelne Angelegenheiten **an sich zu ziehen** und Beschlüsse des Ausschusses zu **ändern oder aufzuheben,** solange diese noch nicht vollzogen sind. Angelegenheiten, für deren Entscheidung der Gemeinderat zuständig ist, sollen den beschließenden Ausschüssen innerhalb ihres Aufgabengebiets zur **Vorberatung** überwiesen werden; in der Hauptsatzung kann bestimmt werden, dass solche Anträge, die nicht von einem Ausschuss vorberaten worden sind, auf Antrag des Vorsitzenden oder eines Fünftels der Mitglieder des Gemeinderats dem Ausschuss zur Vorberatung überwiesen werden müssen.

- **Verhandlung in beschließenden Ausschüssen**

Für die Verhandlungen der Ausschüsse gelten die Vorschriften über die Verhandlungen des Gemeinderats entsprechend. Dies allerdings mit zwei Ausnahmen: Zum einen regelt § 39 Abs. 4 Satz 2 Gemeindeordnung. dass Vorberatungen in öffentlicher oder nicht öffentlicher Sitzung erfolgen können; bei Vorliegen der Voraussetzungen des § 35 Absatz 1 Satz 2 Gemeindeordnung muss nicht öffentlich verhandelt werden. Zweitens entscheidet der Gemeinderat anstelle des Ausschusses ohne Vorberatung, wenn der Ausschuss wegen Befangenheit seiner Mitglieder beschlussunfähig ist (§ 39 Abs. 5 Satz 3 Gemeindeordnung). Ausschüsse haben keine eigene Geschäftsordnung, für sie gilt die Geschäftsordnung des Gemeinderats, die jedoch besondere Vorschriften für die Ausschüsse enthalten kann. Nichtöffentlich ist dann vorzuberaten, wenn es das öffentliche Wohl oder berechtigte Interessen Einzelner erfordern, mithin die Voraussetzungen des § 35 Abs. 1 S. 2 Gemeindeordnung. vorliegen. Diesbezüglich gelten nunmehr seit der Novelle der Gemeindeordnung 2015 die gleichen Grundsätze wie bei einer Gemeinderatssitzung.

Alle Gemeinderäte, die nicht als ordentliche Mitglieder und auch nicht als Stellvertreter für verhinderte ordentliche Mitglieder an den Sitzungen des Ausschusses teilnehmen, sind berechtigt, an den öffentlichen und nicht öffentlichen Sitzungen der Ausschüsse als Zuhörer teilzunehmen, um sich über die Gemeindeangelegenheiten zu unterrichten. Ist ein Ausschuss wegen Befangenheit seiner Mitglieder beschlussunfähig, so entscheidet an seiner Stelle nicht der Bürgermeister, sondern der Gemeinderat. Der Ausschluss von Ausschussmitgliedern von künftigen Sitzungen kann nicht vom Ausschuss, sondern nur vom Gemeinderat beschlossen werden; der Ausschluss von künftigen Sitzungen des Gemeinderats gilt auch für Sitzungen der Ausschüsse. Widerspricht der Bürgermeister einem Beschluss eines Ausschusses, so verhandelt nicht der Ausschuss erneut darüber, sondern die Entscheidung geht auf den Gemeinderat über.

### 5.1.2 Beratende Ausschüsse[108]

In der Bildung und Zusammensetzung beratender Ausschüsse (§ 41 Gemeindeordnung) ist der Gemeinderat frei. Es bestehen keine gesetzlichen Vorschriften über die Mindestzahl der Mitglieder, über das Verfahren bei der Bildung der Ausschüsse sowie der Besetzung der Sitze. Beratende Ausschüsse können durch die Hauptsatzung, durch andere Satzungen oder durch Gemeinderatsbeschlüsse gebildet, geändert und aufgehoben werden.

■ **Zusammensetzung**

- Den **Vorsitz** führt ebenfalls der Bürgermeister; er kann damit für ständig oder für den Einzelfall einen Stellvertreter, einen Beigeordneten oder ein Mitglied des Ausschusses, das dem Gemeinderat angehört, damit beauftragen und den Vorsitz wieder jederzeit formlos an sich ziehen. Beigeordnete als Vorsitzende haben Stimmrecht.
- Die Wahl der **Mitglieder** beratender Ausschüsse erfolgt zweckmäßigerweise wie bei beschließenden Ausschüssen, damit das Verhältnis der Wählervereinigungen (Fraktionen) auch hierbei gewahrt bleibt. Stellvertreter können, müssen jedoch nicht bestellt werden.
- **Sachkundige Einwohner** können als ständige Mitglieder zugewählt werden. Diese sind antrags- und stimmberechtigt. Ihre Zahl muss jedoch geringer sein als die Zahl der Gemeinderäte im Ausschuss.

■ **Verhältnis zum Gemeinderat**

Beratende Ausschüsse haben keine Entscheidungskompetenzen, sondern lediglich Entscheidungen des Gemeinderats **vorzuberaten.** Beschlüsse der beratenden Ausschüsse sind Empfehlungen an den Gemeinderat. Der Gemeinderat ist an die Beschlüsse der Ausschüsse nicht gebunden.

■ **Verhandlung in beratenden Ausschüssen**

Für die Verhandlungen gelten die Vorschriften für die Verhandlungen im Gemeinderat entsprechend. Gemäß der Sonderregelung des § 39 Abs. 5 S. 2 Gemeindeordnung besteht ein Wahlrecht, ob öffentlich oder nicht öffentlich verhandelt wird, wobei bei Vorliegen der Voraussetzungen des § 35 Absatz 1 Satz 2 Gemeindeordnung nicht öffentlich verhandelt werden muss. Ist ein beratender Ausschuss wegen Befangenheit beschlussunfähig, so entscheidet der Gemeinderat ohne Vorberatung durch den Ausschuss.

---

108 § 41 Gemeindeordnung.

### 5.1.3 Betriebsausschuss

Für die Angelegenheiten der Eigenbetriebe kann ein beschließender Ausschuss gebildet werden. In § 8 Eigenbetriebsgesetz sind gesetzliche Mindestaufgaben festgelegt, darüber hinaus kann der Gemeinderat dem Betriebsausschuss weitere Aufgaben übertragen. Der Betriebsausschuss berät den Gemeinderat in allen Angelegenheiten des Eigenbetriebs. Vorsitzender ist der Bürgermeister, er kann einen Stellvertreter oder Beigeordneten mit dem Vorsitz beauftragen. Die Betriebsleitung ist berechtigt, an den Sitzungen des Betriebsausschusses teilzunehmen.

## 5.2 Bezirksbeirat[109]

In Stadtkreisen und Großen Kreisstädten und in Gemeinden mit räumlich getrennten Ortsteilen können durch Hauptsatzung Gemeindebezirke (Stadtbezirke) gebildet werden. Dadurch soll das örtliche Gemeinschaftsleben und die ortsnahe Aufgabenerfüllung gefördert werden. Für die Gemeindebezirke können Bezirksbeiräte gebildet werden.

Die Zahl und Abgrenzung der Bezirke bestimmt der Gemeinderat nach Ermessen (§ 64 Gemeindeordnung). Während die Einrichtung von Bezirken in Stadtkreisen und Großen Kreisstädten ohne weitere Voraussetzungen möglich ist, muss es sich in allen anderen Gemeinden bei den vorgesehenen Bezirken um räumlich getrennte Ortsteile handeln. Mehrere benachbarte Ortsteile können dabei zu einem Gemeindebezirk zusammengefasst werden. Für die Gemeindebezirke können Bezirksbeiräte gebildet werden. Die Mitglieder des Bezirksbeirats werden vom Gemeinderat nach jeder regelmäßigen Wahl zum Gemeinderat aus dem Kreis der im Gemeindebezirk wohnenden, zum Gemeinderat wählbaren Bürger bestellt. Ein besonderes Wahlverfahren ist nicht vorgeschrieben, bei der Bestellung soll jedoch das Abstimmungsergebnis der letzten regelmäßigen Gemeinderatswahl im Gemeindebezirk berücksichtigt werden, sodass sich eine Verhältniswahl wie bei den beschließenden Ausschüssen empfiehlt.

Die Bezirksbeiräte sind ehrenamtlich tätig. Vorsitzender des Bezirksbeirats ist der Bürgermeister, der mit dem Vorsitz Beigeordnete, Gemeindebedienstete, Gemeinderäte oder Bezirksbeiräte allgemein oder für den Einzelfall beauftragen kann. Für den Geschäftsgang gilt die

109 §§ 64 ff. Gemeindeordnung.

Geschäftsordnung des Gemeinderats entsprechend. Die Sitzungen sind in der Regel nicht öffentlich.

Der Bezirksbeirat hat nach dem Gesetz nur beratende Aufgaben. Der Gemeinderat kann ihm keine weiteren Aufgaben übertragen. Der Bezirksbeirat ist vom Gemeinderat oder vom Bürgermeister zu wichtigen Angelegenheiten, die den Gemeindebezirk betreffen, zu hören und er hat ferner die Aufgabe, die örtliche Verwaltung des Gemeindebezirks in allen wichtigen Angelegenheiten zu beraten.

In Gemeinden mit mehr als 100.000 Einwohnern kann der Gemeinderat durch Hauptsatzung weiter bestimmen, dass die Bezirksbeiräte durch Volkswahl ermittelt werden. In diesem Fall sind Bezirksvorsteher zu wählen und es können auf den Bezirksbeirat Entscheidungsbefugnisse für örtliche Angelegenheiten übertragen werden. Die Vorschriften für Ortschaften gelten entsprechend.

## 5.3 Ortschaftsrat[110]

In Gemeinden mit räumlich getrennten Ortsteilen können durch die Hauptsatzung Ortschaften gebildet und die Ortschaftsverfassung eingeführt werden. Dabei ist ein Ortschaftsrat zu bilden, dessen Mitglieder (Ortschaftsräte) von den zur Gemeinderatswahl wahlberechtigten Bürgern der Ortschaft gleichzeitig mit dem Gemeinderat nach den für die Gemeinderatswahl geltenden Grundsätzen gewählt werden.

Die Ortschaftsräte sind ehrenamtlich tätig, ihre Amtszeit beträgt fünf Jahre und sie haben dieselbe Rechtsstellung wie die Gemeinderäte. Vorsitzender des Ortschaftsrats ist der Ortsvorsteher; Bürgermeister sind berechtigt, an den Sitzungen teilzunehmen, ebenso mit beratender Stimme die Gemeinderäte aus der Ortschaft bzw. dem Wohnbezirk, die nicht dem Ortschaftsrat angehören.

- Dem Ortschaftsrat sind kraft Gesetzes **beratende Aufgaben übertragen**. Hierzu zählen die Beratung der örtlichen Verwaltung, die Anhörung durch den Gemeinderat und den Bürgermeister in wichtigen Angelegenheiten, die die Ortschaft betreffen, und ein Vorschlagsrecht gegenüber dem Gemeinderat und dem Bürgermeister in allen Angelegenheiten, die die Ortschaft betreffen.

110 §§ 67 ff. Gemeindeordnung.

- Darüber hinaus kann der Gemeinderat dem Ortschaftsrat **beschließende Zuständigkeiten** übertragen. Dies muss in der Hauptsatzung erfolgen. Ein Weisungs- und ein Rückholrecht des Gemeinderats und ein Abgaberecht des Ortschaftsrats kann nicht wie bei beschließenden Ausschüssen vorgeschrieben werden. Bei seinen Entscheidungen ist der Ortschaftsrat an die Richtlinien des Gemeinderats, insbesondere den Haushaltsplan und den Stellenplan gebunden. Auf den Ortschaftsrat können nur bestimmte Angelegenheiten übertragen werden, die die Ortschaft betreffen. Außer den in § 39 Gemeindeordnung aufgeführten Angelegenheiten sind auch vorlage- oder genehmigungspflichtige Angelegenheiten nicht übertragbar.

## 5.4 Sonstige Gremien

### 5.4.1 Beirat für geheim zu haltende Angelegenheiten[111]

Für Angelegenheiten, die nach gesetzlichen Vorschriften oder besonderen Anweisungen der zuständigen Behörden geheim zu halten sind, insbesondere Angelegenheiten der Landesverteidigung, kann der Gemeinderat nach Bedarf einen Beirat bilden, der den Bürgermeister in diesen Angelegenheiten berät. Die Mitglieder werden aus der Mitte des Gemeinderats vom Gemeinderat gewählt, sie müssen besonders auf die Geheimhaltungsvorschriften verpflichtet werden. Der Beirat besteht aus einer nach der Einwohnergröße der Gemeinde gestuften Zahl von Mitgliedern. Vorsitzender ist der Bürgermeister. Die Sitzungen sind nicht öffentlich.

### 5.4.2 Ältestenrat[112]

Durch die Hauptsatzung kann der Gemeinderat einen Ältestenrat bilden. Er hat die Aufgabe, den Bürgermeister in Fragen der Tagesordnung und des Gangs der Verhandlungen des Gemeinderats zu beraten. Vorsitzender des Ältestenrats ist der Bürgermeister. Seine Zusammensetzung (Zahl der Mitglieder, Verfahren für die Besetzung), der Geschäftsgang und die Aufgaben sind – wenn die Hauptsatzung einen Ältestenrat vorsieht – in der Geschäftsordnung des Gemeinderats zu regeln. Zur Bestimmung der Aufgaben des Ältestenrats ist das Einvernehmen des Bürgermeisters erforderlich.

---

111 § 55 Gemeindeordnung.

112 § 33 a Gemeindeordnung.

## 5.5 Fraktionen[113]

Fraktionen sind freiwillige Zusammenschlüsse politisch gleichgesinnter Mandatsträger, die der gemeinsamen Willensbildung im Gemeinderat dienen. Die Gemeinderäte haben ein Recht auf die Bildung einer Fraktion. Den Fraktionen sind gesetzlich besondere Rechte eingeräumt:

- Antragsrecht auf Aufnahme eines Verhandlungsgegenstandes in die Tagesordnung des Gemeinderats,
- Recht auf Unterrichtung durch den Bürgermeister,
- Recht auf Verweisung einer Angelegenheit zur Vorberatung an beschließende Ausschüsse,
- Recht zur Darlegung der Auffassungen der Fraktion zu Angelegenheiten der Gemeinde im Amtsblatt.

Durch die Geschäftsordnung werden die Bildung der Fraktionen, die Mindestzahl ihrer Mitglieder sowie weitergehende Rechte und Pflichten geregelt. Hierzu zählen z.B. Rederechte in Abhängigkeit der Fraktionsstärke oder die Zugehörigkeit zu Ausschüssen.

## 5.6 Jugendgemeinderat[114]

Die Gemeinde hat nach § 41b Gemeindeordnung grundsätzlich die Pflicht, Kinder und Jugendliche bei Planungen und Vorhaben, die ihre Interessen berühren, in angemessener Weise zu beteiligen. Dafür sind von der Gemeinde geeignete Beteiligungsformate zu entwickeln. Denkbar sind neben dem verbreiteten Modell des Jugendgemeinderats Beteiligungsformen wie Zukunftswerkstätten, Jugendhearings, Jugendforen oder auch zeitlich begrenzte Projekte. Die Gemeinde hat dabei ein weites Ermessen.

In Jugendgemeinderäten sollen Jugendliche ihre Interessen und Probleme artikulieren können, für ein ehrenamtliches Engagement interessiert werden und Gelegenheit erhalten, ihr Wissen über Politik und Kommunalverwaltung zu erweitern. Jugendgemeinderäte sind keine Ausschüsse des Gemeinderates. Es können keine Entscheidungskompetenzen übertragen werden.

Größe und Zusammensetzung des Jugendgemeinderats werden vom Gemeinderat festgelegt. Die Auswahl der Mitglieder kann durch ein Benennungsrecht der tätigen Verbände wie z.B. Schülermitverantwortungen, Vereine, kirchliche oder sonstige Gruppierungen erfolgen. Üb-

113 § 32 a Gemeindeordnung.

114 § 41 a Gemeindeordnung.

licherweise finden Wahlen statt. In der Regel übernimmt der Bürgermeister den Vorsitz.

In der Geschäftsordnung des Gemeinderats ist die Beteiligung von Mitgliedern der Jugendvertretung an den Sitzungen des Gemeinderats in Jugendangelegenheiten zu regeln; insbesondere sind ein Rederecht, ein Anhörungsrecht und ein Antragsrecht vorzusehen.

Es besteht für die Gemeinden keine Pflicht, Jugendgemeinderäte einzurichten. Den Jugendlichen steht allerdings das Recht zu, die Einrichtung eines Jugendgemeinderats zu beantragen. Der Antrag muss von einer gesetzlich festgelegten Anzahl von Jugendlichen unterzeichnet sein.

# 6 Einwohner/Bürger und Gemeinde

Die Selbstverwaltung der Gemeinden setzt eine Mitwirkung der Einwohner und Bürger voraus.

Einwohner verfügen über eine Wohnung in der Gemeinde, die sie mit einer gewissen Beständigkeit nutzen. Bürger sind diejenigen Einwohner, die die deutsche oder die Staatsangehörigkeit eines anderen Mitgliedstaates der Europäischen Union (Unionsbürger) besitzen, das 16. Lebensjahr vollendet haben und seit mindestens drei Monaten in der Gemeinde wohnen.

Wichtige Voraussetzung für eine sinnvolle Beteiligung ist die Unterrichtung aller Einwohner. Dazu dienen vor allem Einwohnerantrag, Einwohnerversammlungen und die Auslegung wichtiger Angelegenheiten, z.B. des Haushaltsplans.

Die verantwortliche Teilnahme an der bürgerschaftsnahen Verwaltung der Gemeinde ist zugleich Recht und Pflicht des Bürgers. Für die Beteiligung sind viele Formen und Wege möglich, z.B. die Wahlen zum Gemeinderat, Bürgermeister, Ortschaftsrat, die Übernahme einer ehrenamtlichen Tätigkeit sowie Bürgerentscheid, Bürgerbegehren.

## 6.1 Ehrenamtliche Tätigkeit

Die Gemeindebürger sind verpflichtet, auf Verlangen der Gemeinde für diese ehrenamtlich tätig zu werden. Zur ehrenamtlichen Tätigkeit rechnet außer der Tätigkeit als Gemeinderat und als Ortschaftsrat eine Tätigkeit als Ehrenbeamter, z.B. ehrenamtlicher Bürgermeister, Ortsvorsteher und auch eine nur vorübergehende Tätigkeit (ehrenamtliche Mitwirkung), z.B. bei der Durchführung von Wahlen oder statistischen Erhebungen. Die Bürger können eine ehrenamtliche Tätigkeit, zu der sie von der Gemeinde bestellt werden, nur ablehnen oder niederlegen, wenn sie dafür einen wichtigen persönlichen Grund haben (vgl. Abschnitt 2.1.2 – Ausscheiden aus dem Gemeinderat). Andernfalls kann der Gemeinderat sie mit einem Ordnungsgeld belegen.

## 6.2 Bürgerschaftliche Mitwirkung

### 6.2.1 Bürgerentscheid[115]

Der Gemeinderat kann mit einer Mehrheit von zwei Dritteln aller Mitglieder beschließen, dass eine Angelegenheit des Wirkungskreises der Gemeinde, für die der Gemeinderat zuständig ist, der Entscheidung durch die Bürger unterstellt wird (sogenanntes Ratsbegehren). Als Beispiele können Straßenplanungen, Baumaßnahmen der Gemeinde, Schließung öffentlicher Einrichtungen etc. einem Bürgerentscheid unterstellt werden. Ausgenommen sind kraft Gesetzes (§ 21 Abs. 2 Gemeindeordnung):

- Weisungsaufgaben und Angelegenheiten, die kraft Gesetzes dem Bürgermeister zustehen;
- Fragen der inneren Organisation der Gemeindeverwaltung;
- Rechtsverhältnisse der Gemeinderäte, des Bürgermeisters und der Gemeindebediensteten;
- Haushaltssatzung, Wirtschaftspläne der Eigenbetriebe, Kommunalabgaben, Tarife und Entgelte;
- Feststellung des Jahresabschlusses und des Gesamtabschlusses der Gemeinde und der Jahresabschlüsse der Eigenbetriebe;
- Bauleitpläne und örtliche Bauvorschriften mit Ausnahme des verfahrenseinleitenden Beschlusses sowie
- Entscheidungen über Rechtsmittel.

Vor dem Bürgerentscheid muss den Bürgern die vom Gemeinderat und vom Bürgermeister zu der anstehenden Frage vertretene Auffassung dargelegt werden. Bei einem Bürgerentscheid ist die gestellte Frage in dem Sinne entschieden, in dem sie von der Mehrheit der gültigen abgegebenen Stimmen beantwortet wurde. Diese Mehrheit muss aber mindestens 20 Prozent der stimmberechtigten Bürger der Gemeinde betragen. Bei Stimmengleichheit gilt die gestellte Frage als mit Nein beantwortet. Ist die erforderliche Zahl gültiger Stimmen nicht zustande gekommen, hat der Gemeinderat die Angelegenheit zu entscheiden. Der Bürgerentscheid hat dieselbe Wirkung wie ein Gemeinderatsbeschluss. Er kann innerhalb der nächsten drei Jahre nur durch einen neuen Bürgerentscheid geändert werden.

### 6.2.2 Bürgerbegehren[116]

Ist der Gemeinderat zur Durchführung eines Bürgerentscheids nicht bereit, kann die Bürgerschaft selbst einen Bürgerentscheid beantragen (§ 21

115 § 21 Gemeindeordnung.

116 § 21 Abs. 3 Gemeindeordnung.

Abs. 3 Gemeindeordnung). Es muss sich um Angelegenheiten des Wirkungskreises der Gemeinde, für die der Gemeinderat zuständig ist, handeln. Außerdem muss das Bürgerbegehren von mindestens 7 Prozent der stimmberechtigten Bürger der Gemeinde unterzeichnet sein, höchstens jedoch von 20.000 Bürgern. Der Antrag muss die zu entscheidende Frage und eine Begründung sowie einen nach den gesetzlichen Bestimmungen durchführbaren Vorschlag zur Finanzierung der Maßnahmen enthalten (sogenannter Kostendeckungsvorschlag). Richtet sich ein Bürgerbegehren gegen einen Beschluss des Gemeinderats, so muss es innerhalb von drei Monaten nach Bekanntgabe dieses Beschlusses eingereicht sein. Ein Bürgerentscheid aufgrund eines Bürgerbegehrens ist unzulässig, wenn über dieselbe Angelegenheit innerhalb der letzten drei Jahre ein Bürgerentscheid aufgrund eines Bürgerbegehrens durchgeführt worden ist. Über die Zulässigkeit eines Bürgerbegehrens entscheidet der Gemeinderat. Ein Bürgerbegehren entfällt, wenn der Gemeinderat die Durchführung der mit dem Bürgerbegehren verlangten Maßnahme beschließt.

## 6.3 Beteiligung der Einwohner

### 6.3.1 Unterrichtung der Einwohner[117]

Der Gemeinderat unterrichtet durch den Bürgermeister die Einwohner über wichtige Angelegenheiten der Gemeinde und sorgt für die Förderung des allgemeinen Interesses an der Gemeindeverwaltung. Bei wichtigen Planungen und Vorhaben der Gemeinde, die unmittelbar raum- oder entwicklungsbedeutsam sind oder das wirtschaftliche, soziale und kulturelle Wohl ihrer Einwohner nachhaltig berühren, sollen die Einwohner möglichst frühzeitig über die Grundlagen sowie die Ziele, Zwecke und Auswirkungen unterrichtet werden. Sofern dafür ein besonderes Bedürfnis besteht, soll den Einwohnern allgemein Gelegenheit zur Äußerung gegeben werden. Sondergesetzliche Vorschriften, wie etwa nach dem Baugesetzbuch, bleiben unberührt. Diese Öffentlichkeitsarbeit liegt im Interesse der Beteiligung der Einwohner an der kommunalen Selbstverwaltung, ihr kommt eine wachsende Bedeutung zu. Die Unterrichtung der Einwohnerschaft kann auf vielerlei Art und Weise geschehen: öffentliche Gemeinderatssitzungen, Amtsblatt, Internetseite der Gemeinde, Tagespresse, Verwaltungsberichte, sonstige Veröffentlichungen, Einwohnerversammlungen.

117 § 20 Gemeindeordnung.

### 6.3.2 Einwohnerversammlungen[118]

Einwohnerversammlungen soll der Gemeinderat anberaumen, wenn die Erörterung wichtiger Angelegenheiten mit den Einwohnern erforderlich ist. Ein bestimmter Zeitraum ist nicht vorgeschrieben, es soll aber jährlich eine Einwohnerversammlung stattfinden.

Der Gemeinderat hat eine Einwohnerversammlung anzuberaumen, wenn dies von der Einwohnerschaft beantragt wird. Der Antrag muss schriftlich eingereicht werden und die zu erörternden Angelegenheiten angeben. Der Antrag darf nur Angelegenheiten enthalten, die innerhalb der letzten 6 Monate nicht bereits Gegenstand einer Einwohnerversammlung waren. Antragsberechtigt sind nur Einwohner, die im Zeitpunkt der Unterzeichnung das 16. Lebensjahr vollendet haben und seit mindestens drei Monaten in der Gemeinde wohnen. Der Antrag muss in Gemeinden mit nicht mehr als 10.000 Einwohnern von mindestens 3 vom Hundert der antragsberechtigten Einwohner der Gemeinde, höchstens jedoch von 200 Einwohnern unterzeichnet sein. In Gemeinden mit mehr als 10.000 Einwohnern muss er von mindestens 1,5 vom Hundert der antragsberechtigten Einwohner der Gemeinde, mindestens jedoch von 200 Einwohnern und höchstens von 2.500 Einwohnern unterzeichnet sein

Die Versammlung wird vom Bürgermeister einberufen. Er gibt Zeit, Ort und Tagesordnung rechtzeitig ortsüblich bekannt. Den Vorsitz führt der Bürgermeister oder ein von ihm bestimmter Vertreter. Die Teilnahme kann durch den Gemeinderat auf Einwohner beschränkt werden. Das Wort können nur Einwohner erhalten. Der Vorsitzende kann Ausnahmen zulassen. In größeren Gemeinden können Einwohnerversammlungen auf Teile des Gemeindegebiets (Stadtteile, Gemeindebezirke, Ortschaften) beschränkt werden. Für Ortschaften kann der Ortschaftsrat Einwohnerversammlungen beschließen. Die Vorschläge und Anregungen, die in einer Einwohnerversammlung gemacht werden, sollen innerhalb von drei Monaten von dem zuständigen Organ der Gemeinde (Gemeinderat, beschließender Ausschuss, Bürgermeister) weiterbehandelt werden.

### 6.3.3 Einwohnerantrag[119]

Die Einwohnerschaft kann beantragen, dass der Gemeinderat eine bestimmte Angelegenheit behandelt (Einwohnerantrag). Ein Einwohnerantrag darf nur Angelegenheiten des Wirkungskreises der Gemeinde zum Gegenstand haben, für die der Gemeinderat zuständig ist und in denen innerhalb der letzten sechs Monate nicht bereits ein Einwohner-

118 § 20 a Gemeindeordnung.

119 § 20 b Gemeindeordnung.

antrag gestellt worden ist. Ein Einwohnerantrag ist in den Angelegenheiten unzulässig, die auch für einen Bürgerentscheid ausgeschlossen sind. Zusätzlich sind Angelegenheiten ausgenommen, über die der Gemeinderat oder ein beschließender Ausschuss nach Durchführung eines gesetzlich bestimmten Beteiligungs- oder Anhörungsverfahrens beschlossen hat. Antragsberechtigt sind nur Einwohner, die im Zeitpunkt der Unterzeichnung das 16. Lebensjahr vollendet haben und seit mindestens drei Monaten in der Gemeinde wohnen.

# 7 Grundlagen der kommunalen Finanzwirtschaft

Die Gemeinden haben im Rahmen ihrer Aufgabenerfüllung zahlreiche Leistungen zu erbringen, die sowohl hohe einmalige als auch laufende Auszahlungen verursachen. Den meisten Entscheidungen des Gemeinderats kommen daher finanzielle Auswirkungen zu. Es stellt für jede Gemeinde eine besondere Herausforderung dar, zur Deckung ihrer Auszahlungen die notwendigen Finanzmittel bereitzustellen. Die Gemeinden können Abgaben verlangen und haben die Befugnis, selbstständig im Rahmen der Gesetze über die Einzahlungen und Auszahlungen ihrer Haushaltswirtschaft zu entscheiden.

## 7.1 Einzahlungen/Erträge der Gemeinde

Die finanzielle Situation der Gemeinden ist sehr unterschiedlich. Es gibt Gemeinden, die finanziell hervorragend ausgestattet sind und dem gegenüber auch Gemeinden, die nur begrenzte finanzielle Mittel zur Verfügung haben. Die Ursachen für diese Unterschiede sind vielfältig und können durch kommunalpolitische Entscheidungen beeinflusst sowie auch strukturell bedingt sein. Häufig sind Gemeinden mit florierenden Gewerbesteuereinzahlungen finanziell unabhängiger und besser ausgestattet.

### 7.1.1 Zusammensetzung der Einzahlungen der Gemeinde

Die für die kommunale Finanzwirtschaft wichtigsten Einzahlungen sind nachfolgend dargestellt (Stand: 2021).[120]

a) **Steuern**
   – Die **Gewerbesteuer** zählt zu den Hauptertragsquellen der Gemeinden. Ihre Bedeutung erlangt sie dadurch, dass der Gemeinderat das Steueraufkommen selbst durch die jährliche Festsetzung der Hebesätze beeinflussen kann. Der Gewerbesteuerhebesatz wird von der hebeberechtigten Gemeinde entweder für ein Jahr durch

120 Vgl. im Detail: Ministerium für Finanzen und Wirtschaft Baden-Württemberg, Die Kommunen und ihre Einnahmen, https://fm.baden-wuerttemberg.de/fileadmin/redaktion/m-fm/intern/Publikationen/230904_MfF_Broschuere_Kommunen_und_ihre_Einnahmen_2023.pdf.

die Haushaltssatzung oder für mehrere Jahre in einer separaten Steuersatzung bestimmt. Die Gewerbesteuereinzahlungen verbleiben allerdings nicht in voller Höhe bei der Gemeinde. Durch die Gewerbesteuerumlage sind Anteile an das Land und den Bund abzuführen. Die Besteuerungsgrundlagen werden von den Finanzämtern festgestellt und in Form von Messbeträgen den Gemeinden mitgeteilt. Diese Messbeträge werden anschließend mit den örtlichen Hebesätzen multipliziert.

- Die **Grundsteuer B** wird für den nicht der Land- und Forstwirtschaft zugeordneten (bzw. dieser gleichgestellten) Grundbesitz erhoben. Die Grundsteuer B, obgleich eine Steuer, kann als Finanzierungsäquivalent für die Bereitstellung kommunaler Infrastruktur verstanden werden. Als solches kommt ihr für die kommunalen Haushalte eine immer größere Bedeutung zu. Der Grundsteuerhebesatz wird von der hebeberechtigten Gemeinde entweder jeweils für ein Jahr durch die Haushaltssatzung oder für mehrere Jahre, höchstens jedoch für den Hauptveranlagungszeitraum, in einer separaten Steuersatzung bestimmt. Die Grundsteuereinzahlungen verbleiben in voller Höhe bei der Gemeinde. Die Besteuerungsgrundlagen werden von den Finanzämtern festgestellt und in Form von Messbeträgen den Gemeinden mitgeteilt. Diese Messbeträge werden anschließend mit den örtlichen Hebesätzen multipliziert.
- Bei der Einkommensteuer und Umsatzsteuer handelt es sich um Gemeinschaftssteuern von Bund, Land und Gemeinden. Die Steuern werden anteilig auf diese drei Körperschaften aufgeteilt. Den Gemeinden insgesamt stehen ca. 15 % bei der Einkommensteuer bzw. ca. 2 % bei der Umsatzsteuer zu. Da die **Gemeindeanteile an der Einkommensteuer und Umsatzsteuer** im Gegensatz zur Gewerbesteuer in geringerem Maße konjunkturempfindlich sind, haben sie für die Finanzwirtschaft elementare Bedeutung.
- Die **sonstigen Steuern** wie z.B. Vergnügungs- oder Hundesteuer verfügen aus Sicht der Finanzmittelbeschaffung über eine untergeordnete Bedeutung. Bei ihnen steht insbesondere die Lenkungsfunktion der Steuer im Vordergrund.

b) **Zuweisungen**
Die Gemeinden erhalten aus dem kommunalen Finanzausgleich Zuweisungen, um Steuerkraftunterschiede zwischen den Gemeinden abzubauen und besondere Belastungen bzw. Sondersituationen auszugleichen. Vom Volumen kommt dabei den Schlüsselzuweisungen nach mangelnder Steuerkraft die größte Bedeutung zu.

c) **Gebühren**
Benutzungsgebühren werden von den Gemeinden für die Nutzung der öffentlichen Einrichtungen wie z.B. Wasserversorgung, Abwas-

serbeseitigung, Friedhof, Bäder etc. erhoben. Verwaltungsgebühren werden für Amtshandlungen verlangt, wie z.B. Genehmigungsgebühren.

d) **Investitionszuweisungen und Beiträge**
Im Rahmen des kommunalen Finanzausgleichs werden durch verschiedenste Förderprogramme kommunale Investitionen unterstützt, so z.B. Abwasserbeseitigung, Schulhausbau etc. Für finanzschwache Gemeinden stehen ergänzend Mittel aus dem Ausgleichsstock zur Verfügung, aus dem insbesondere strukturschwache Gemeinden Finanzierungsmittel erhalten. Für die Straßenerschließung, öffentliche Wasserversorgung und Abwasserbeseitigung können die Gemeinde zur teilweisen Deckung ihrer Herstellungskosten von Grundstückseigentümern Beiträge erheben.

e) **Veräußerungserlöse**
Die Gemeinde kann Vermögen veräußern, wenn sie es zur Erfüllung ihrer Aufgaben nicht mehr benötigt. Insbesondere im Rahmen der Bodenpolitik ist es anerkannt, dass die Gemeinden Bestände an Grundvermögen als Ersatz- bzw. Tauschgelände vorhalten. Sie können dieses Vermögen veräußern, um einmalig Investitionsmaßnahmen zu finanzieren.

f) **Kredite**
Kredite sind für die Finanzierung von Investitionen von besonderer Bedeutung. Sie belasten durch die Zins- und Tilgungsverpflichtungen die Haushalte künftiger Jahre.

Die restlichen Anteile entfallen insbesondere auf Einzahlungen aus Verwaltung und Betrieb sowie auf sonstige Finanzeinzahlungen.

### 7.1.2 Rangfolge bei der Erzielung von Erträgen/Einzahlungen

Der Gemeinde steht es nicht frei, eigenständig nach freiem Ermessen über diese Erträge/Einzahlungen zu verfügen. Das Gesetz stellt eine Rangfolge auf, die für die Gemeinde verbindlich ist (§ 78 Gemeindeordnung).

1. **Sonstige Erträge und Einzahlungen**
Sonstige Erträge und Einzahlungen sind vorrangig zu realisieren, da sie die Abgabenpflichtigen in der Gemeinde nicht belasten.

**Beispiele:**

- Zuweisungen und Zuschüsse des Landes
- Gemeindeanteil an Einkommensteuer und Umsatzsteuer
- Vermögenserträge

2. **Spezielle Entgelte**
   Wer eine kommunale Leistung in Anspruch nimmt, soll auch grundsätzlich die Kosten seines wirtschaftlichen Vorteils tragen. Damit soll vermieden werden, dass Nutzungsvorteile, die nur einer Minderheit zugutekommen, aus allgemeinen Deckungsmitteln bezahlt werden müssen.
   Dieser Vorrang der Leistungsentgelte gilt jedoch nicht unbeschränkt. In der Praxis werden die wenigsten Einrichtungen ausschließlich über Entgelte gedeckt. Ihre Höhe muss vertretbar und geboten sein. Die Vertretbarkeit ist dabei als Obergrenze zu verstehen. Aus sozialstaatlichen Gründen bzw. aus dem öffentlichen Interesse heraus können insbesondere Entgelte für Kindergärten, Musikschulen und kulturelle Einrichtungen nicht kostendeckend festgesetzt werden. „Geboten“ heißt, dass aus fiskalischen Gründen und aufgrund des Äquivalenzprinzips eine Mindestgebühr verlangt wird. Der Gemeinderat hat im Einzelfall abzuwägen, welcher Kostendeckungsgrad angestrebt wird.

   **Beispiele:**

   - Wasser- und Abwassergebühren werden so festgesetzt, dass sie in etwa die Kosten voll abdecken.
   - Bei Friedhofsgebühren ist es anerkannt, dass nur ca. 60–70 % Kostendeckung erreicht werden.
   - Bei Musikschulen, Volkshochschulen und Kindertageseinrichtungen liegt der Anteil der Entgelte i. d. R. unter 30 %, zusätzlich erhält die Gemeinde laufende Zuweisungen.
   - Bibliotheken und Schwimmbäder weisen einen Deckungsgrad der Entgelte von unter 10 % auf.

3. **Steuern**
   Steuern haben subsidiären Charakter. Dem Abgabenpflichtigen steht keine konkrete Gegenleistung gegenüber. Daher ist auf eine ausgewogene Relation zwischen den Steuern und den übrigen Erträgen zu achten. Steuern dürfen nur in der Höhe verlangt werden, wie es die wirtschaftlichen Kräfte der Abgabenpflichtigen zulassen. Dieser Gesichtspunkt ist vom Gemeinderat bei der Festsetzung der Hebesätze zu berücksichtigen.

   **Beispiele:**

   - Für die Gewerbesteuer besteht eine speziell geregelte Erhebungspflicht. Der Hebesatz beträgt mindestens 200 %. Weitergehende unmittelbare gesetzliche Beschränkungen des Hebesatzrechts gibt es nicht. Der Durchschnittswert in Baden-Württemberg liegt bei 365 %-Punkten.[121]

– Für die Grundsteuer gibt es zwar keine speziell geregelte Erhebungspflicht, auf ihre Erhebung kann jedoch keine Gemeinde verzichten. Der Durchschnittswert in Baden-Württemberg liegt für die Grundsteuer B bei 411 %-Punkten, für die Grundsteuer A bei 371 %-Punkten.[121]

Zu den sonstigen Steuern zählen die Vergnügungssteuer, Spielautomatensteuer, Zweitwohnungssteuer oder die Hundesteuer.

4. **Kredite**
Kredite stellen eine Vorausbelastung künftiger Haushaltsjahre dar. Die damit verbundenen Tilgungs- und Zinszahlungen beschränken den finanziellen Gestaltungsspielraum der Zukunft. Sie sollen nur in Anspruch genommen werden, wenn eine andere Finanzierung nicht möglich bzw. unzweckmäßig wäre. Gemeinden sind jedoch mit wenigen Ausnahmen zur Finanzierung ihrer Investitionen auf Kreditaufnahmen angewiesen.
Durch die Belastung der finanziellen Leistungsfähigkeit dürfen die Gemeinden Kredite nicht unbegrenzt aufnehmen. Es gelten folgende Voraussetzungen (§§ 78, 87 Gemeindeordnung):
Kredite sind nur zugelassen,
   1. für **Investitionen, Investitionsförderungsmaßnahmen** (Zuschüsse an Dritte für Investitionen), zur **Umschuldung und zur Ablösung Innerer Darlehen,** soweit keine anderen Einzahlungen zur Verfügung stehen. Sie dürfen nicht für laufende konsumtive Zwecke oder zur ordentlichen Tilgung von Krediten verwendet werden. Nach dem Gesamtdeckungsgrundsatz werden Kredite nicht auf die einzelnen Vorhaben aufgeschlüsselt;
   2. wenn eine **andere Finanzierung nicht möglich ist oder** eine solche **wirtschaftlich unzweckmäßig** wäre;
   3. bis zur **Höhe der Leistungsfähigkeit der Gemeinde,** um die Lasten für Zins und Tilgung tragen zu können.

Wegen ihrer Auswirkungen auf den Gemeindehaushalt unterliegen Kreditaufnahmen besonderen gesetzlichen Verfahrensvorschriften. Der Höchstbetrag der im Haushaltsjahr vorgesehenen Kreditaufnahmen muss in der Haushaltssatzung vorgesehen werden und bedarf der **Genehmigung** durch die Rechtsaufsichtsbehörde. Diese Genehmigung kann unter dem Gesichtspunkt einer geordneten Wirtschaftsführung erteilt oder versagt werden; sie ist in der Regel zu versagen, wenn die Kreditver-

121 Vgl. Statistisches Landesamt Baden-Württemberg, Durchschnittshebesätze der Realsteuern seit 2007, Stand 2022.

pflichtungen mit der dauernden Leistungsfähigkeit der Gemeinde nicht in Einklang stehen.

## 7.2 Kommunale Doppik

In Baden-Württemberg ist zum 1.1.2020 in allen Gemeinden die kommunale Doppik als Haushaltsplanungs- und Rechnungslegungssystem einzuführen. Damit wird das bisherige kamerale Haushaltssystem abgelöst. Es handelt sich dabei um eine bundesweit entwickelte Reform, die in den meisten anderen Bundesländern bereits umgesetzt ist.

Die gemeindehaushaltsrechtlichen Regelungen zum Neuen Kommunalen Haushalts- und Rechnungswesen (NKHR), der Kommunalen Doppik, sind vom Landtag von Baden-Württemberg am 22. April 2009 im Rahmen des Gesetzes zur Reform des Gemeindehaushaltsrechts beschlossen worden. Der 1.1.2020 war der letztmögliche Umstellungszeitpunkt. Die Gemeinden konnten auch bereits früher auf das neue System umsteigen. Die Frist für die Verpflichtung zur erstmaligen Erstellung eines kommunalen Gesamtabschlusses, in dem die Vermögens-, Finanz- und Ertragslage der gesamten kommunalen Betätigung dargestellt wird, wurde mit Artikel 2 des Gesetzes zur Änderung des Gesetzes über den Kommunalen Versorgungsverband Baden-Württemberg, des Gesetzes zur Reform des Gemeindehaushaltsrechts und der Gemeindehaushaltsverordnung vom 4. Februar 2021 auf das Jahr 2025 verschoben.

Die kommunale Doppik führt zu einschneidenden Veränderungen.

Das frühere kamerale Haushalts- und Rechnungssystem bestand aus einer reinen Einnahme- und Ausgabenrechnung, d.h. es wurden lediglich „Geldvorgänge“ erfasst und geplant. So wird z.B. ein Vermögenserwerb nur bei seiner Anschaffung als Ausgabe erfasst. Dass das Vermögen durch die Nutzung ständig an Wert verliert und am Ende der Nutzungsdauer wiederbeschafft werden muss, ist in der kameralen Haushaltsplanung nicht berücksichtigt. Die Informationen, die den Gemeinden damit zur Verfügung stehen, erlaubten nur einen unvollständigen Einblick in die wirtschaftliche Lage.

Die kommunale Doppik basiert auf dem Grundsatz, dass es in einem Planungs- und Rechnungsjahr nicht nur darum gehen kann, Einnahmen und Ausgaben darzustellen. Es wird vielmehr der vollständige Ressourcenverbrauch aufgezeigt, d. h. z. B. auch Abschreibungen und

Änderungen der Rückstellungen. Erst dadurch werden die gesamten Belastungen offengelegt und die Gemeinde angehalten, durch entsprechend hohe Ressourcenzuwächse für die anstehende Finanzierung z.B. der Ersatzbeschaffung Vorsorge zu treffen.

Im Kern der kommunalen Doppik steht daher die Ergänzung der Haushaltsplanung durch einen **Ergebnishaushalt.** In ihm werden Erträge und Aufwendungen gegenübergestellt. Bei einem Überschuss (vgl. „Gewinn") wird angezeigt, dass die Gemeinde ihr Reinvermögen (d.h. Vermögen abzüglich der Schulden) nicht mindern wird. Belastungen durch Wertverzehr (Abschreibungen) oder Lasten der Zukunft (Rückstellungen) sind dabei eingerechnet.

Die aussagekräftigere Information allein bringt noch keine Veränderung. Die Gemeinde wird daher durch neue Haushaltsausgleichsregeln verpflichtet, den ausgewiesenen Ressourcenverbrauch durch entsprechende Zuwächse auch auszugleichen. Dies kann zum einen durch erhöhte Sparmaßnahmen gelingen, zum anderen auch zu höheren Abgabenbelastungen bei den Bürgern führen. Diese sind jedoch nicht durch die Haushaltsreform bedingt, sondern durch die Notwendigkeit, auch in Zukunft über einen finanziellen Gestaltungsspielraum verfügen zu können. Im Ergebnis werden die Bürger nicht „stärker" zur Kasse gebeten, sondern früher. Diejenige Generation, die den Nutzen einer kommunalen Einrichtung hat, soll auch für deren Finanzierung aufkommen. Spätere Generationen werden dadurch entlastet.

Erst ein Ausgleich des Ressourcenverbrauchs gibt der Gemeinde Sicherheit, sowohl für Ersatzbeschaffungen als auch für künftige Lasten die notwendigen Finanzmittel verfügbar zu haben.

Für ausgewählte Produkte **(„Schlüsselpositionen")** werden nicht nur Finanz-, sondern auch Sachziele vorgegeben, über deren Einhaltung der Gemeinderat in Finanzzwischenberichten unterrichtet wird. Die Auswahl der „Schlüsselpositionen" richtet sich nach dem kommunalpolitischen Stellenwert oder nach der finanziellen Bedeutung. Erst durch die Kombination von Sach- und Finanzzielen kann die Leistungserfüllung der Verwaltung richtig bewertet werden. Einsparungen sind häufig auch darauf zurückzuführen, dass die Sachziele nicht erreicht worden sind. Dies wird erst durch die gemeinsame Betrachtung deutlich. Auch ist es künftig einfacher, Diskussionen über Standards der Aufgabenerfüllung zu führen. Eine Verminderung des Finanzbudgets führt i.d.R. zu einer Einschränkung der Sachzielvorgaben.

Für das **Produkt 36.50 Förderung von Kindern in Tageseinrichtungen und Tagespflege** können in der Haushaltsplanung z.B. folgende Sachziele festgelegt werden:
- Schaffung von mindestens 20 neuen Betreuungsplätzen zur Sicherung eines bedarfsgerechten Angebots.
- Die Auslastungsquote der Kindertagesstätten soll nicht unter 95 % liegen.
- Für die Entgeltstruktur ist eine soziale Staffelung vorzusehen.
- etc.

Inwieweit diese Ziele im Haushaltsjahr erreicht werden, muss dem Gemeinderat mindestens einmal im Jahr in einem Finanzzwischenbericht dargelegt werden.

Der Umstieg auf die kommunale Doppik setzte voraus, dass die Gemeinden zunächst ihr vollständiges Vermögen und ihre Schulden im Rahmen einer Inventur erfassten und bewerteten. Mit der **Eröffnungsbilanz** haben viele Gemeinden erstmals einen Überblick über die Höhe und Zusammensetzung ihres Vermögens sowie deren Finanzierung. Hierfür sind sehr zeitaufwendige Arbeiten in der Verwaltung abzuwickeln.

Die Verwaltungsvorfälle werden künftig nach dem System der **kommunalen doppelten Buchführung** erfasst und in einer **Ergebnisrechnung, Finanzrechnung und Vermögensrechnung (Bilanz)** dokumentiert. Die in den Unternehmen übliche Rechnungslegung wird daher künftig in leicht modifizierter Form auch in den Kommunen angewandt.

Die Kommunale Doppik hat sowohl die Arbeit im Gemeinderat als auch innerhalb der Verwaltung verändert. Allerdings sollte nicht übersehen werden, dass die reine Umstellung des Haushaltssystems nichts an der realen Finanzsituation ändert. Vielmehr stehen den Gemeinden objektiv vollständigere Informationen zur Verfügung, die in den Gemeinderäten für die kommunalpolitischen Entscheidungen verwertet werden müssen. Fehlentscheidungen sind mit dem neuen Haushaltssystem nicht ausgeschlossen. Man begegnet ihnen jedoch „sehenden Auges“.

## 7.3 Haushaltswirtschaft

Ziel der Haushaltswirtschaft ist es, mit den verfügbaren Finanzmitteln so zu wirtschaften, dass alle notwendigen Aufgaben auch finanziert werden können. Da die Aufgabenerfüllung für die Bürger existenziell ist, darf dies nicht dem Zufall überlassen werden. Es ist planmäßig vorzugehen. Haushaltspläne werden verabschiedet, bewirtschaftet, deren Umsetzung überwacht und zum Ende des Rechnungsjahres im Jahresabschluss dokumentiert.

Der Gemeinderat ist bei allen Phasen maßgebend beteiligt.

### 7.3.1 Haushaltsplanung

Im **Haushaltsplan** werden alle im Haushaltsjahr voraussichtlichen Erträge den entstehenden Aufwendungen (Ergebnishaushalt) und die voraussichtlichen Auszahlungen für Investitionen deren Finanzierung (Finanzhaushalt) gegenübergestellt. Es gilt das Gebot des Haushaltsausgleichs. Die Gemeinde soll darauf achten, dass grundsätzlich die ordentlichen Erträge und ordentlichen Aufwendungen ausgeglichen sind. Die Gemeinde soll nicht von ihrer Substanz leben. Zusätzlich soll sichergestellt werden, dass die Gemeinde nicht mehr „Geld ausgibt", als sie zur Verfügung hat. Mit diesen beiden Vorgaben wird die stetige Aufgabenerfüllung der Gemeinde gesichert.

Der Gemeinderat entscheidet über die Haushaltssatzung mit Haushaltsplan. Er bestimmt damit über die Art und das Maß der Aufgabenerledigung und deren Finanzierung.

> Im Zuge der Haushaltsplanberatungen hat der Gemeinderat auf Grundlage einer ersten Bauplanung entschieden, für den Neubau des Kindergartens einen Auszahlungsansatz von 2 Mio. € aufzunehmen.
>
> Dieser Haushaltsansatz begründet keine Verpflichtung, den Kindergarten auch tatsächlich zu bauen. Der Haushaltsansatz stellt nur eine Ermächtigung dar, es werden keine Forderungen oder Verbindlichkeiten begründet. Allerdings kann die Gemeinde ohne einen solchen Haushaltsansatz keinen Kindergarten bauen.

Gelingt es nicht, zum 1.1. eines Jahres die Haushaltssatzung in Kraft zu setzen, gelten die besonderen Regelungen der Interimswirtschaft. Danach darf die Gemeinde nur solche Auszahlungen leisten, zu denen sie rechtlich verpflichtet ist, die der Weiterführung notwendiger Aufgaben dienen bzw. für die Fortsetzung von Bauten und Beschaffungen erforderlich sind.

### 7.3.2 Bewirtschaftung

Im Rahmen der Bewirtschaftung wird von den Ermächtigungen des Haushaltsplans Gebrauch gemacht. Jetzt werden Forderungen oder Verbindlichkeiten begründet.

> Im Laufe des Jahres fasst der Gemeinderat nach Vorlage der Detailplanung einen Baubeschluss. Die Verwaltung wird damit beauftragt, die Bauarbeiten auszuschreiben. Am Ende des Ausschreibungsverfahrens steht fest, welche Bauunternehmen/Handwerker das wirtschaftlichste Angebot abgegeben haben.
>
> Der Gemeinderat beschließt über die Auftragsvergabe und der Bürgermeister erteilt einem Generalunternehmer den Bauauftrag in Höhe von 1,9 Mio. €.
>
> Ohne finanzielle Einbußen kann der Bau des Kindergartens nicht mehr rückgängig gemacht werden.

Das Entscheidungsrecht, ob und in welcher Höhe im Rahmen der Haushaltsansätze nach außen Verbindlichkeiten begründet und Forderungen erhoben werden, liegt grundsätzlich beim Gemeinderat. Er kann dieses Recht auf Ausschüsse, den Ortschaftsrat oder den Bürgermeister übertragen. Handelt es sich um Geschäfte der laufenden Verwaltung, ist der Bürgermeister für die Verwendung der Haushaltsmittel zuständig.

> Üblicherweise werden vom Gemeinderat in der Hauptsatzung Wertgrenzen festgelegt, um die Entscheidungskompetenzen zwischen Gemeinderat, Ausschuss und Bürgermeister zu regeln.
>
> Beschaffungen, die regelmäßig anfallen und von untergeordneter Bedeutung für die Gemeinde sind, werden vom Bürgermeister eigenständig veranlasst. Die Beschaffung von Büromaterial, Heizöl etc. muss nicht vom Gemeinderat beschlossen werden.

Damit der Haushaltsplan auch „planmäßig“ vollzogen wird, gilt der Grundsatz der sachlichen Bindung. Die Gemeinde darf z. B. Beschaffungen nur vornehmen, wenn sowohl für den entsprechenden Zweck und in der erforderlichen Höhe Mittel veranschlagt sind. Intern sind die Haushaltsansätze bindend.

### 7.3.3 Haushaltsüberwachung

Der Haushaltsausgleich kann nur gesichert werden, wenn unterjährig Fehlentwicklungen rechtzeitig erkannt werden, um gegensteuern zu können. Nicht vorhersehbare Entwicklungen, wie z.B. Steuereinbrüche, Preis- und Tariferhöhungen, können den Haushaltsausgleich gefährden.

Der Gemeinderat muss daher mindestens einmal über den Stand des Haushaltsvollzugs unterrichtet werden. Ist zu befürchten, dass der Haushaltsausgleich durch unabsehbare Entwicklungen gefährdet ist bzw. sich Investitionsmaßnahmen wesentlich verteuern, muss unverzüglich der Gemeinderat informiert werden.

Durch die plötzliche Insolvenz des Hauptgewerbesteuerzahlers ist absehbar, dass 1 Mio. € weniger an Gewerbesteuererträge zur Verfügung stehen, als im Haushaltsplan vorgesehen war. Der Haushaltsausgleich wäre damit nicht mehr möglich.

Der Gemeinderat ist **unverzüglich** darüber zu informieren.

Der Gemeinderat hat folgende Entscheidungsoptionen:
- Aufwendungsansätze dürfen nicht wie geplant bewirtschaftet werden, Ansätze werden gesperrt.
- Einzelne Maßnahmen (z.B. Straßenunterhaltung) werden ins nächste Jahr verschoben.
- Gebühren und Steuersätze werden angehoben.

Im Zuge der Bauarbeiten am Kindergarten schlägt der Architekt vor, die Gründung des Baukörpers entgegen den Planungen aufwendiger auszuführen. Dies führt zu zusätzlichen Auszahlungen von 200.000 €. Der Haushaltsansatz würde damit um 200.000 € überschritten.

Der Gemeinderat ist unverzüglich darüber zu informieren.

Der Gemeinderat hat folgende Entscheidungsoptionen:
- Die Baugründung wird wie ursprünglich geplant ohne Mehrauszahlungen durchgeführt.
- Der Vorschlag des Architekten soll umgesetzt werden, die fehlenden 200.000 € sollen überplanmäßig bereitgestellt werden.
- Sofern hierfür weitere Kredite notwendig würden, muss die Gemeinde ihren Haushalt förmlich anpassen und einen Nachtragshaushaltsplan beschließen.

Reichen die Haushaltsansätze nicht aus, können **über- bzw. außerplanmäßige** Aufwendungen und Auszahlungen nur geleistet werden, wenn sie dringend sind und ihre Deckung gesichert ist bzw. unabweisbar sind und ggf. kein erheblicher Fehlbetrag entsteht. Eine Deckung ist insbesondere durch den Aufschub von Maßnahmen, Einsparungen bei anderen Haushaltsansätzen, die Deckungsreserve oder durch Heranziehen von über- und außerplanmäßigen Erträgen und Einzahlungen möglich. Ist ihr Umfang oder ihre Bedeutung erheblich, bedarf es der Zustimmung des Gemeinderats.

In besonderen Fällen, wenn insbesondere der Haushaltsausgleich gefährdet ist, erhebliche über- bzw. außerplanmäßige Aufwendungen oder Auszahlungen zu leisten sind, nicht veranschlagte Investitionen durchgeführt werden sollen oder bei personellen Maßnahmen deutlich vom Stellenplan abgewichen werden soll, ist zwingend eine **Nachtragssatzung** erforderlich.

### 7.3.4 Jahresabschluss

Die eingegangenen Zahlungsverpflichtungen hat die Gemeinde zu erfüllen. Die einzelnen Fachämter prüfen die gestellten Rechnungen und erteilen an die Gemeindekasse Auszahlungsanordnungen. Die Gemeindekasse hat die Zahlungen zu leisten und zu verbuchen.

Zum Ende des Rechnungsjahres muss die Gemeinde einen Jahresabschluss erstellen, in der die Haushaltsansätze und das Ergebnis des Haushaltsvollzugs gegenübergestellt werden. Überschreitungen von Haushaltsansätzen sind besonders aufzuführen. Der Jahresabschluss wird durch das Rechnungsprüfungsamt geprüft. Der Jahresabschluss wird anschließend vom Gemeinderat beschlossen.

> Während der Bauarbeiten ist die Gemeinde dem Vorschlag des Architekten gefolgt und hat eine um 200.000 € aufwendigere Gründung in Auftrag gegeben.
>
> Im Jahresabschluss – in der Finanzrechnung – wird ausgewiesen, dass insgesamt im Rechnungsjahr 1,6 Mio. € ausgegeben wurden, obwohl der Haushaltsansatz (incl. überplanmäßiger Auszahlung) zu Auszahlungen von 2,1 Mio. € ermächtigte. Grund sind i.d.R. nicht Einsparungen, sondern witterungsbedingte Verzögerungen im Baufortschritt. Der aktuelle eingesparte Betrag wird im nächsten Jahr entsprechend dem Baufortschritt abfließen.

Der Gemeinderat kann an dem Jahresabschluss ablesen, inwieweit es gelungen ist, den Haushaltsplan planmäßig zu vollziehen. Bei Bedarf wird er über eine Übertragung der nicht ausgeschöpften Ermächtigung ins neue Rechnungsjahr beschließen.

## 7.4 Haushaltssatzung und Haushaltsplan

Der Haushaltsplan hat vielen Anforderungen zu genügen. Er muss sowohl eine wirtschaftliche Gesamtsteuerung ermöglichen als auch konkret die finanziellen Ressourcen auf die einzelnen Leistungsbereiche verteilen. Der Haushaltsplan besteht daher aus einer Vielzahl von Tabellen und Übersichten, um allen Entscheidungs- und Informationsbedürfnissen Rechnung zu tragen.

Der Haushaltsplan ist nicht nur für die Verwaltung, sondern auch für die Arbeit im Gemeinderat ein ständiger Begleiter und Wegweiser.

### 7.4.1 Haushaltssatzung

Die Bedeutung des Etatrechts des Gemeinderats wird durch die **Haushaltssatzung** als Ausdruck örtlicher Rechtssetzung deutlich. Neben den wichtigsten Kenngrößen des Ergebnis- und Finanzhaushalts werden insbesondere die vorgesehenen Kreditaufnahmen, Verpflichtungsermächtigungen und vor allem die Gewerbe- und Grundsteuerhebesätze festgesetzt.

Die Haushaltssatzung ist nach folgendem verbindlichen **Muster** aufzustellen:

**Muster einer Haushaltssatzung**

**§ 1 Ergebnishaushalt und Finanzhaushalt**
Der Haushaltsplan wird festgesetzt

| | | | |
|---|---|---|---|
| 1. | im **Ergebnishaushalt** mit den folgenden Beträgen | | EUR |
| | 1.1 | Gesamtbetrag der ordentlichen Erträge von | 55.517.834 |
| | 1.2 | Gesamtbetrag der ordentlichen Aufwendungen von | – 54.794.234 |
| | **1.3** | Veranschlagtes ordentliches Ergebnis (Saldo aus 1.1 und 1.2) von | 723.600 |
| | 1.4 | Gesamtbetrag der außerordentlichen Erträge von | 0 |
| | 1.5 | Gesamtbetrag der außerordentlichen Aufwendungen von | 0 |
| | **1.6** | **Veranschlagtes Sonderergebnis** (Saldo aus 1.4 und 1.5) von | 0 |
| | **1.7** | **Veranschlagtes Gesamtergebnis** (Summe aus 1.3 und 1.6) von | 723.600 |

| 2. | im Finanzhaushalt mit den folgenden Beträgen | | |
|---|---|---|---|
| | 2.1 | Gesamtbetrag der Einzahlungen aus laufender Verwaltungstätigkeit von | 52.188.487 |
| | 2.2 | Gesamtbetrag der Auszahlungen aus laufender Verwaltungstätigkeit von | – 44.739.932 |
| | **2.3** | Zahlungsmittelüberschuss**/-bedarf des Ergebnishaushalts (Saldo aus 2.1 und 2.2) von** | **7.448.555** |
| | 2.4 | Gesamtbetrag der Einzahlungen aus Investitionstätigkeit von | 1.984.000 |
| | 2.5 | Gesamtbetrag der Auszahlungen aus Investitionstätigkeit von | – 3.965.600 |
| | **2.6** | Veranschlagter Finanzierungsmittelüberschuss/-bedarf aus Investitionstätigkeit (Saldo aus 2.4 und 2.5) von | **– 1.981.600** |
| | **2.7** | Veranschlagter Finanzierungsmittelüberschuss/-bedarf (Saldo aus 2.3 und 2.6) von | **5.466.955** |
| | 2.8 | Gesamtbetrag der Einzahlungen aus Finanzierungstätigkeit von | 0 |
| | 2.9 | Gesamtbetrag der Auszahlungen aus Finanzierungstätigkeit von | –1.800.000 |
| | 2.10 | Veranschlagter Finanzierungsmittelüberschuss/-bedarf aus Finanzierungstätigkeit (Saldo aus 2.8 und 2.9) von | –1.800.000 |
| | **2.11** | **Veranschlagte Änderung des Finanzierungsmittelbestands, Saldo des Finanzhaushalts (Saldo aus 2.7 und 2.10) von** | **3.666.955** |

**§ 2 Kreditermächtigung**

Der Gesamtbetrag der vorgesehenen Kreditaufnahmen für Investitionen und Investitionsförderungsmaßnahmen (Kreditermächtigung) wird festgesetzt auf 0 EUR.

**§ 3 Verpflichtungsermächtigungen**

Der Gesamtbetrag der vorgesehenen Ermächtigungen zum Eingehen von Verpflichtungen, die künftige Haushaltsjahre mit Auszahlungen für Investitionen und Investitionsförderungsmaßnahmen belasten (Verpflichtungsermächtigungen), wird festgesetzt auf 500.000 EUR.

**§ 4 Kassenkredite**

Der Höchstbetrag der Kassenkredite wird festgesetzt auf 10.500.000 EUR.

**§ 5 Steuersätze**

Die Steuersätze (Hebesätze) werden festgesetzt

| 1. | für die Grundsteuer | |
|---|---|---|
| | a) für die land- und forstwirtschaftlichen Betriebe (Grundsteuer A) auf | 320 v. H. |
| | b) für die Grundstücke (Grundsteuer B) auf | 370 v. H. |
| | der Steuermessbeträge; | |
| 2. | für die Gewerbesteuer auf | 340. v. H. |
| | der Steuermessbeträge. | |

### 7.4.2 Haushaltsplan

Der Haushaltsplan ist formal Bestandteil der Haushaltssatzung. Ihm kommt somit ebenfalls Satzungsqualität zu.

Der Haushaltsplan gliedert sich in viele Bestandteile und Anlagen, die im Rahmen dieses Taschenbuchs nicht alle ausführlich behandelt werden können. Es erfolgt daher eine Auswahl, um ein Grundverständnis zu vermitteln.

#### ■ Ergebnis- und Finanzhaushalt

Für die wirtschaftliche Gesamtsteuerung bietet der Ergebnis- und Finanzhaushalt kompakt alle wichtigen Informationen, um insbesondere die Einhaltung des Haushaltsausgleichs abzuschätzen, eine Grobanalyse der Erträge und Aufwendungen vorzunehmen, den Umfang der Investitionstätigkeit und deren Finanzierung zu erfassen.

- Im **Ergebnishaushalt** werden Erträge und Aufwendungen gegenübergestellt. Er ist mit einer geplanten Gewinn-und-Verlust-Rechnung des Kaufmanns vergleichbar. Als Saldo wird nicht wie beim Kaufmann ein „Gewinn oder Verlust“ ausgewiesen, sondern ein Überschuss oder Fehlbetrag. Bei einem Überschuss wird angezeigt, dass die Gemeinde ihre Vermögenssubstanz nicht mindern wird. Belastungen durch Wertverzehr (Abschreibungen) oder Lasten der Zukunft (Rückstellungen) sind dabei eingerechnet.

**Muster eines Ergebnishaushalts**

| Nr. | Ergebnishaushalt | | Ergebnis | Ansatz | Ansatz |
|---|---|---|---|---|---|
| | Ertrags- und Aufwandsarten | | 2021 | 2022 | 2023 |
| | | | EUR | EUR | EUR |
| 1 | + | Steuern und ähnliche Abgaben | 21.985.596 | 28.964.500 | 30.889.000 |

**Muster eines Ergebnishaushalts**

| Nr. | Ergebnishaushalt | | Ergebnis | Ansatz | Ansatz |
|---|---|---|---|---|---|
| 2 | + | Zuweisungen und Zuwendungen, Umlagen | 13.993.994 | 13.676.900 | 12.287.146 |
| 3 | + | Aufgelöste Investitions-zuwendungen und -beiträge | 1.003.000 | 988.500 | 3.325.260 |
| 4 | + | Sonstige Transfererträge | | | |
| 5 | + | Entgelte für öffentliche Leistungen oder Einrichtungen | 6.312.699 | 6.389.340 | 6.085.060 |
| 6 | + | Sonstige privatrechtliche Leistungsentgelte | 416.288 | 485.100 | 414.620 |
| 7 | + | Kostenerstattungen und Kostenumlagen | 541.206 | 545.010 | 711.100 |
| 8 | + | Zinsen und ähnliche Erträge | 295.583 | 684.500 | 581.550 |
| 9 | + | Aktivierte Eigenleistungen und Bestandsveränderungen | 11.198 | 0 | 0 |
| 10 | + | Sonstige ordentliche Erträge | 1.789.161 | 1.223.480 | 1.224.098 |
| **11** | **=** | **Ordentliche Erträge (Summe aus** Nummer **1 bis 10)** | **46.348.725** | **52.957.330** | **55.517.834** |
| 12 | – | Personalaufwendungen | 9.144.683– | 10.118.708– | 10.508.270– |
| 13 | – | Versorgungsaufwendungen | 620.752– | 118.000– | 137.250– |
| 14 | – | Aufwendungen für Sach- und Dienstleistungen | 7.107.233– | 7.568.662– | 7.971.506– |
| 15 | – | Planmäßige Abschreibungen | 3.571.872– | 3.541.550– | 3.666.400– |
| 16 | – | Zinsen und ähnliche Aufwendungen | 1.710.780– | 1.749.500– | 1.902.700– |
| 17 | – | Transferaufwendungen | 25.453.646– | 28.684.360– | 29.520.206– |
| 18 | – | Sonstige ordentliche Aufwendungen | 1.167.326– | 1.119.100– | 1.087.902– |
| **19** | **=** | Ordentliche Aufwendungen (Summe aus Nummer 12 bis 18) | **48.776.292–** | **52.899.880–** | **54.794.234–** |
| **20** | **=** | Veranschlagtes ordentliches Ergebnis (Saldo aus Nummer 11 und 19) | **–2.427.567** | **57.450** | **723.600** |

**Muster eines Ergebnishaushalts**

| Nr. | Ergebnishaushalt | | Ergebnis | Ansatz | Ansatz |
|---|---|---|---|---|---|
| 21 | + | Außerordentliche Erträge | 1.217.721 | 0 | 0 |
| 22 | – | Außerordentliche Aufwendungen | 672.586– | 0 | 0 |
| **23** | = | Veranschlagtes Sonderergebnis (Saldo aus Nummer 21 und 22) | **545.135** | **0** | **0** |
| **24** | = | Veranschlagtes Gesamtergebnis (Summe aus Nummer 20 und 23) | **1.882.432** | **57.450** | **723.600** |

– Im **Finanzhaushalt** werden alle Einzahlungen und Auszahlungen gegenübergestellt. Der Endsaldo Änderungen des Finanzierungsmittelbestands zeigt an, ob alle Auszahlungen durch entsprechend hohe Einzahlungen gedeckt werden können. Der Finanzhaushalt ist mit einer geplanten Kapitalflussrechnung beim Kaufmann vergleichbar. Insbesondere die Investitionen, Vermögensveräußerungen, Zuweisungen, Kreditaufnahmen, Tilgungen sind aus dem Finanzhaushalt abzulesen.

**Muster eines Finanzhaushalts**

| Nr. | Finanzhaushalt | | Ergebnis | Ansatz | Ansatz | Verpflichtungsermächtigungen |
|---|---|---|---|---|---|---|
| | **Einzahlungs- und Auszahlungsarten** | | **2021** | **2022** | **2023** | **2024** |
| | | | **EUR** | **EUR** | **EUR** | **EUR** |
| 1 | + | Steuern und ähnliche Abgaben | 21.185.596 | 28.964.500 | 30.889.000 | |
| 2 | + | Zuweisungen und Zuwendungen und allgemeine Umlagen | 13.993.994 | 13.676.900 | 12.283.059 | |
| 3 | + | Sonstige Transfereinzahlungen | 0 | 0 | 0 | |

**Muster eines Finanzhaushalts**

| Nr. | | Finanzhaushalt | Ergebnis | Ansatz | Ansatz | Verpflichtungsermächtigungen |
|---|---|---|---|---|---|---|
| 4 | + | Entgelte für öffentliche Leistungen oder Einrichtungen | 5.912.699 | 6.389.340 | 6.085.060 | |
| 5 | + | Sonstige privatrechtliche Leistungsentgelte | 416.288 | 485.100 | 414.620 | |
| 6 | + | Kostenerstattungen und Kostenumlagen | 541.206 | 545.010 | 711.100 | |
| 7 | + | Zinsen und ähnliche Erträge | 295.583 | 684.500 | 581.550 | |
| 8 | + | Sonstige haushaltswirksame Einzahlungen | 789.161 | 1.223.480 | 1.224.098 | |
| **9** | = | **Einzahlungen aus laufender Verwaltungstätigkeit** | **43.134.527** | **51.968.830** | **52.188.487** | |
| 10 | – | Personalauszahlungen | 8.644.683– | 9.118.708– | 8.808.270– | |
| 11 | – | Versorgungsauszahlungen | 620.752– | 118.000– | 137.250– | |
| 12 | – | Auszahlungen für Sach- und Dienstleistungen | 6.639.993– | 6.768.662– | 6.262.716– | |
| 13 | – | Zinsen und ähnliche Auszahlungen | 1.710.780– | 1.749.500– | 1.902.700– | |
| 14 | – | Transferauszahlungen | 24.230.064– | 28.646.060– | 26.541.106– | |

**Muster eines Finanzhaushalts**

| Nr. | | Finanzhaushalt | Ergebnis | Ansatz | Ansatz | Verpflichtungsermächtigungen |
|---|---|---|---|---|---|---|
| 15 | – | Sonstige haushaltswirksame Auszahlungen | 1.167.240– | 1.119.100– | 1.087.890– | |
| **16** | **=** | **Auszahlungen aus laufender Verwaltungstätigkeit** | **43.013.512** | **47.520.030–** | **44.739.932–** | |
| **17** | **=** | **Zahlungsmittelüberschuss/ -bedarf des Ergebnishaushalts (Saldo aus Nummern 9 und 16)** | **121.015** | **4.448.800** | **7.448.555** | |
| 18 | + | Einzahlungen aus Investitionszuwendungen | 513.919 | 269.000 | 619.000 | |
| 19 | + | Einzahlungen aus Investitionsbeiträgen und ähnlichen Entgelten für Investitionstätigkeit | 0 | 64.500 | 514.500 | |
| 20 | + | Einzahlungen aus der Veräußerung von Sachvermögen | 687.550 | 920.000 | 850.500 | |
| 21 | + | Einzahlungen aus der Veräußerung von Finanzvermögen | 1.006.508 | 0 | 0 | |
| 22 | + | Einzahlungen für sonstige Investitionstätigkeit | 2.476 | 0 | 0 | |

**Muster eines Finanzhaushalts**

| Nr. | | Finanzhaushalt | Ergebnis | Ansatz | Ansatz | Verpflichtungsermächtigungen |
|---|---|---|---|---|---|---|
| **23** | = | **Einzahlungen aus Investitionstätigkeit (Summe aus Nummer 18 bis 22)** | **2.210.453** | **1.253.500** | **1.984.000** | |
| 24 | – | Auszahlungen für den Erwerb von Grundstücken und Gebäuden | 23.106– | 65.500– | 125.000– | |
| 25 | – | Auszahlungen für Baumaßnahmen | 1.361.864– | 1.776.000– | 2.918.000– | 500.000 |
| 26 | – | Auszahlungen für den Erwerb von beweglichem Sachvermögen | 422.880– | 416.100– | 638.500– | |
| 27 | – | Auszahlungen für den Erwerb von Finanzvermögen | 145.716– | 8.249.300– | 146.600– | |
| | | | | | | |
| 28 | – | Auszahlungen für Investitionsförderungsmaßnahmen | 0 | 0 | 137.500– | |
| 29 | – | Auszahlungen für sonstige Investitionen | 0 | 0 | 0 | |
| **30** | = | **Auszahlungen aus Investitionstätigkeit (Summe aus Nummer 24 bis 29)** | **1.953.566–** | **10.506.900–** | **3.965.600–** | |

**Muster eines Finanzhaushalts**

| Nr. | | Finanzhaushalt | Ergebnis | Ansatz | Ansatz | Verpflichtungsermächtigungen |
|---|---|---|---|---|---|---|
| **31** | = | **Veranschlagter Finanzierungsmittelüberschuss/-bedarf aus Investitionstätigkeit (Saldo aus Nummer 23 und 30)** | **256.887** | **9.253.400–** | **1.981.600–** | |
| **32** | = | **Veranschlagter Finanzierungsmittelüberschuss/-bedarf (Summe aus Nummer 17 und 31)** | **377.901** | **4.804.600–** | **5.466.955** | |
| 33 | + | Einzahlungen aus der Aufnahme von Krediten und wirtschaftlich vergleichbaren Vorgängen für Investitionen | 1.200.700 | 6.300.000 | 0 | |
| 34 | – | Auszahlungen für die Tilgung von Krediten und wirtschaftlich vergleichbaren Vorgängen für Investitionen | 1.508.600– | 1.400.500– | 1.800.000– | |

**Muster eines Finanzhaushalts**

| Nr. | | Finanzhaushalt | Ergebnis | Ansatz | Ansatz | Verpflichtungsermächtigungen |
|---|---|---|---|---|---|---|
| 35 | = | Veranschlagter Finanzierungsmittelüberschuss-/-bedarf aus Finanzierungstätigkeit (Saldo aus Nummer 33 und 34) | 307.900– | 4.899.500 | 1.800.000– | |
| 36 | = | Veranschlagte Änderung des Finanzierungsmittelbestands zum Ende des Haushaltsjahres (Saldo der Nummer 32 und 35) | 70.001 | 94.900 | 3.666.955 | |

## ▪ Teilhaushalte

Zur Binnensteuerung und zur Verteilung der finanziellen Ressourcen auf die einzelnen Leistungsbereiche werden Ergebnis- und Finanzhaushalt auf eine Vielzahl von **Teilhaushalten** heruntergebrochen. Die Gesamtsumme der einzelnen Teilhaushalte entspricht den Beträgen des Ergebnis- und Finanzhaushalts.

Wie viele Teilhaushalte gebildet werden, wie sie zugeschnitten sind, entscheidet jede Gemeinde individuell nach ihren örtlichen Bedürfnissen. Landeseinheitliche Vorgaben bestehen nicht. Einzig die Produktorientierung ist als Gliederungsprinzip verbindlich.

Die Haushaltsplanung hat sich an Produkten zu orientieren, d.h. an Leistungen der Verwaltung, die von Stellen außerhalb der einzelnen Organisationseinheiten nachgefragt werden (z.B. Bereitstellung von Hallen, Bereitstellung von Freisportanlagen etc.). Produkte werden zu Produktgruppen (Betrieb von Sportanlagen) und zu Produktbereichen (z.B. Sport) zusammengefasst. Für Produkte, Produktgruppen und Produktbereiche ist der landeseinheitliche Produktkatalog maßgebend.

Die Gemeinde kann daher einen Teilhaushalt „Förderung von Kindern in Tageseinrichtungen“ bilden, der alle darauf entfallenden Erträge und Aufwendungen sowie die Auszahlungen für Investitionen bzw. Einzahlungen aus Veräußerungen und Zuweisungen enthält. Zusätzlich können weitere Untergliederungen erfolgen und die Produktgruppe „Förderung von Kindern in Tageseinrichtungen“ mit ihren Erträgen und Aufwendungen, Ein- und Auszahlungen sowie als Produkte auch getrennt die Einrichtungen für 0–3-Jährige bzw. Einrichtungen für 3–6-Jährige dargestellt werden. Auch eine einzelne Kindertagesstätte kann mit ihren Erträgen und Aufwendungen, Ein- und Auszahlungen abgebildet werden. Dem Gemeinderat ist es somit möglich, die zugewiesenen Ressourcen produktorientiert zuzuteilen, Schwerpunkte zu setzen, Einsparungen vorzusehen, Beschaffungen und Baumaßnahmen zu planen.

- **Produktgruppe 36.50
Förderung von Kindern in Tageseinrichtungen und in Tagespflege**

**Muster eines Teilergebnishaushalts für die Produktgruppe 36.50 Förderung von Kindern in Tageseinrichtungen und in Tagespflege**

| Nr. | Teilergebnishaushalt | | Ergebnis | Ansatz | Ansatz |
|---|---|---|---|---|---|
| | Ertrags- und Aufwandsarten | | 2021 | 2022 | 2023 |
| | | | EUR | EUR | EUR |
| 1 | + | Steuern und ähnliche Abgaben | | | |
| 2<br>3 | +<br>+ | Zuweisungen und Zuwendungen, Umlagen<br>Aufgelöste Investitionszuwendungen und -beiträge | 1.914.159 | 3.277.650 | 3.559.706 |
| 4 | + | Sonstige Transfererträge | | | |
| 5 | + | Entgelte für öffentliche Leistungen oder Einrichtungen | 349.311 | 323.400 | 424.500 |
| 6 | + | Sonstige privatrechtliche Leistungsentgelte | | 67.000 | |
| 7 | + | Kostenerstattungen und Kostenumlagen | | | |
| 8 | + | Zinsen und ähnliche Erträge | | | |
| 9 | + | Aktivierte Eigenleistungen und Bestandsveränderungen | | | |

**Muster eines Teilergebnishaushalts für die Produktgruppe 36.50 Förderung von Kindern in Tageseinrichtungen und in Tagespflege**

| Nr. | | Teilergebnishaushalt | Ergebnis | Ansatz | Ansatz |
|---|---|---|---|---|---|
| 10 | + | Sonstige ordentliche Erträge | 11.723 | 10.000 | 15.000 |
| **11** | **=** | **Ordentliche Erträge (Summe aus Nummer 1 bis 10)** | **2.275.193** | **3.678.050** | **3.999.206** |
| 12 | – | Personalaufwendungen | 639.945– | 690.824– | 798.007– |
| 13 | – | Versorgungsaufwendungen | 372– | 0 | 0 |
| 14 | – | Aufwendungen für Sach- und Dienstleistungen | 147.700– | 179.550– | 176.489– |
| 15 | – | Planmäßige Abschreibungen | 1.537– | 1.300– | 2.050– |
| 16 | – | Zinsen und ähnliche Aufwendungen | 208– | 100– | 200– |
| 17 | – | Transferaufwendungen | 4.232.577– | 4.972.200– | 5.707.906– |
| 18 | – | Sonstige ordentliche Aufwendungen | 20.206– | 24.577– | 29.180– |
| **19** | **=** | **Ordentliche Aufwendungen (Summe** aus **Nummer 12 bis 18)** | **5.042.546** | **5.868.551–** | **6.713.832–** |
| **20** | **=** | **Anteiliges veranschlagtes ordentliches Ergebnis (Saldo aus Nummer 11 und 19)** | **2.767.352–** | **2.190.501–** | **2.714.626–** |
| 21 | + | Erträge aus internen Leistungen | 600 | 600 | 0 |
| 22 | – | Aufwendungen für interne Leistungen | 214.393– | 216.470– | 213.616– |
| 23 | – | kalkulatorische Kosten | | | |
| **24** | **=** | Veranschlagtes kalkulatorisches Ergebnis (Saldo aus Nummer 21 bis 23) | **213.793–** | **215.870–** | **213.616–** |
| **25** | **=** | Veranschlagter Nettoressourcenbedarf/-überschuss (Summe der Nummer 20 und 24) | **2.981.145–** | **2.406.371–** | **2.928.242–** |

■ **Finanzplanung**

Die einjährige Haushaltsplanung wird durch eine mittelfristige Finanzplanung ergänzt. Dabei sollen die finanzpolitischen Perspektiven für die Haushalte der folgenden Jahre aufgezeigt werden. Die **mittelfristige Finanzplanung** hat ihre besondere Bedeutung für Investitionsvorhaben, die sich in ihrer Finanzierung über mehrere Jahre erstrecken und über den einjährigen Haushaltsplan hinaus abgesichert werden müssen.

Die Finanzplanung erstreckt sich zeitlich auf fünf Jahre, wobei allerdings das laufende Jahr einbezogen ist. Im Finanzplan werden die Erträge/Aufwendungen und Einzahlungen/Auszahlungen für weitere drei Jahre in Zukunft geplant. Grundlage für die Schätzung der Investitionsauszahlungen ist ein Investitionsprogramm, das nach Jahren getrennt den Auszahlungsbedarf für die Investitionen und Investitionsförderungsmaßnahmen – ebenfalls für weitere drei Jahre – enthält.

Insbesondere bei größeren Gemeinden bedarf eine längerfristige Investitions- und Finanzplanung dieser Art einer umfassenden Gemeindeentwicklungsplanung. Der Gemeinderat hat dabei vor allem über die geplante Investitions-, Steuer-, Entgelt-, Kredit- und Finanzierungspolitik zu entscheiden. Der Finanzplan ist unter Berücksichtigung der vom Land bekannt gegebenen Orientierungsdaten jährlich fortzuschreiben. Eine rechtliche Bindung ergibt sich aus dem Finanzplan jedoch nicht.

■ **Stellenplan**

Die Gemeinde hat im Stellenplan alle im Haushaltsjahr erforderlichen Stellen der Bediensteten auszuweisen, sofern es sich nicht um Stellen von vorübergehend beschäftigten Arbeitnehmern handelt. Einstellungen, Beförderungen können grds. während des Haushaltsjahres nur vorgenommen werden, wenn dies im Stellenplan berücksichtigt ist.

Der Stellenplan ist damit das bedeutendste personalwirtschaftliche Steuerungsinstrument und steht in einem engen Zusammenhang mit den Personalaufwendungen. Änderungen sind grundsätzlich nur im Rahmen einer Nachtragssatzung möglich, sofern es sich nicht um geringfügige Änderungen handelt.

■ **Anlage Schuldenübersicht**

Aus den bisher angesprochenen Plänen können nur die aktuellen neuen Kreditaufnahmen entnommen werden, nicht jedoch die sich daraus ergebende Summe der Verschuldung. Die Schuldenübersicht zeigt die Gesamtverschuldung auf, wobei auch die Schulden der Eigenbetriebe angezeigt werden.

## 7.5 Aufstellungsverfahren der Haushaltssatzung

Die Haushaltssatzung wird in einem formalisierten Rechtsetzungsverfahren erlassen. Folgende Phasen sind zu durchlaufen.

- **Eckwertebeschluss des Gemeinderats**
  *(Der Gemeinderat fasst in einer frühen Phase, unter Berücksichtigung der finanzwirtschaftlichen Rahmendaten und der Leistungsaufträge an die Verwaltung einen „Eckwertebeschluss". Darin wird die für die Fachämter zur Verfügung stehende Finanzmasse ausgewiesen.)*
- Erstellung des Entwurfs der Haushaltssatzung durch die Verwaltung
- **Einbringung Entwurf Haushaltssatzung in den Gemeinderat**
- **Vorberatung in den Ausschüssen/Ortschaftsrat**
- **Beratung und Beschlussfassung der Haushaltssatzung durch den Gemeinderat in öffentlicher Sitzung**
- Vorlage Haushaltssatzung an Rechtsaufsichtsbehörde evtl. Genehmigung genehmigungspflichtiger Teile
- Öffentliche Bekanntmachung der Haushaltssatzung und Auslegung des Haushaltsplans

## 7.6 Gemeindevermögen

Zur Erfüllung ihrer Aufgaben ist die Gemeinde auf Vermögen angewiesen. Insbesondere für den zunehmenden Flächenbedarf für öffentliche Einrichtungen ist eine weitblickende Vermögens- und Bodenpolitik wichtig. Das Vermögen ist für die Gemeinde nicht in erster Linie als Ertragsobjekt anzusehen, sondern als Mittel zur Aufgabenerfüllung.

Die Gemeinde soll Vermögensgegenstände nur für die Erfüllung ihrer Aufgaben **erwerben.** Sie soll kein Vermögen horten. Eine vorausschauende Bodenpolitik ist damit nicht ausgeschlossen, sondern unter dem Gesichtspunkt der Aufgabenerfüllung und der Wirtschaftlichkeit sogar erforderlich.

Vermögensgegenstände sind pfleglich und wirtschaftlich zu **verwalten** und ordnungsgemäß nachzuweisen. Bei Geldanlagen ist auf eine ausreichende Sicherheit und einen angemessenen Ertrag zu achten.

Werden Vermögensgegenstände für die absehbare Zukunft nicht benötigt, können sie nur zum vollen Wert (Verkehrswert) **veräußert** werden. Will die Gemeinde Vermögen unterhalb des Verkehrswertes veräußern, muss sie i. d. R. den Beschluss der Rechtsaufsichtsbehörde vorlegen.

## 7.7 Unternehmerische Betätigung

Der zunehmende Umfang der öffentlichen Aufgaben hat das Betätigungsfeld der Gemeinden erweitert. Im Rahmen der Daseinsvorsorge müssen die Gemeinden sich verstärkt auch unternehmerisch betätigen. Andererseits sind den Gemeinden bei ihrer unternehmerischen Tätigkeit Grenzen auferlegt.

Sofern die Gemeinde Pflichtaufgaben bzw. hoheitliche Kernaufgaben (nicht wirtschaftliche Betätigung) in einem Unternehmen erfüllen will, ist dies generell zugelassen.

Außerhalb dieser Aufgabenbereiche gilt dies als **wirtschaftliche Betätigung**. Dies ist nur zulässig, wenn der öffentliche Zweck das Unternehmen rechtfertigt und es nach Art und Umfang in einem angemessenen Verhältnis zur Leistungsfähigkeit der Gemeinde und dem voraussichtlichen Bedarf steht. Soweit außerhalb der kommunalen Daseinsvorsorge ein privater Anbieter die Leistung ebenso gut und wirtschaftlich erfüllt, scheidet eine wirtschaftliche Betätigung für die Gemeinde aus. Wirtschaftliche Unternehmen hat die Gemeinde so zu führen, dass der öffentliche Zweck erfüllt wird. Sie sollen einen Ertrag für den Haushalt der Gemeinde abwerfen.

Auf dem Gebiet der kommunalen Daseinsvorsorge darf die Gemeinde eigenverantwortlich entscheiden, welche Rechtsform für das Unternehmen gewählt wird. Die Gemeinden können ihre Unternehmen als

- Regiebetrieb,
- Eigenbetrieb,
- selbstständiges Unternehmen in Privatrechtsform (GmbH, AG) oder
- selbstständige Kommunalanstalt

führen.

Der Eigenbetrieb ist grundsätzlich für die unternehmerische Betätigung zugelassen. Sofern das Unternehmen nachhaltig seine Aufwendungen zu mindestens 25 % durch Umsatzerlöse decken kann und die im Gesetz vorgeschriebenen Sicherheitsvorkehrungen zur Risikobegrenzung beachtet werden, steht auch die Rechtsform der GmbH zur Verfügung. Für eine selbstständige Kommunalanstalt bestehen keine besonderen Zulässigkeitsvoraussetzungen. Ihr können auch hoheitliche Aufgaben übertragen werden.

Zur Information des Gemeinderats und der Einwohner müssen jährlich Beteiligungsberichte für diejenigen Unternehmen erstellt werden, an denen die Gemeinde unmittelbar oder mit mehr als 50 % mittelbar beteiligt ist. Der Beteiligungsbericht stellt für den Gemeinderat eine wichtige Informationsquelle zum Stand der Erfüllung des öffentlichen Zwecks, zum Geschäftsverlauf und zur Finanzsituation des Unternehmens dar. Dieser Bericht kann zum Anlass genommen werden, um seitens des Gemeinderats bei einer GmbH über die gesellschaftsrechtlichen Organe steuernd einzugreifen.

Die Gemeinde darf Unternehmen oder Teile von solchen oder Beteiligungen an solchen, durch welche die Gemeinde ihren Einfluss auf das wirtschaftliche Unternehmen verliert oder vermindert, nur veräußern, wenn die Erfüllung der Aufgaben der Gemeinde dadurch nicht beeinträchtigt wird.

# 8 Planen und Bauen

Ein großer Teil der Tätigkeit des Gemeinderats befasst sich mit Planen und Bauen in der Gemeinde. Mit der Planungshoheit hat die Gemeinde das Recht und die Pflicht, die räumliche Ordnung und Entwicklung innerhalb des Gemeindegebiets zu regeln und zu gestalten. Die Instrumente der Gemeinde sind der Erlass des Flächennutzungsplans und der Bebauungspläne. Bei Baumaßnahmen liegt die Bewirtschaftungsbefugnis i.d.R. beim Gemeinderat. Bei Auftragsvergaben ist die Gemeinde nicht frei, sondern hat ein förmliches Vergabeverfahren einzuhalten.

## 8.1 Bauleitplanung

Um eine ungeordnete bauliche Entwicklung in der Gemeinde und die Zersiedlung der Landschaft zu verhindern, hat die Gemeinde Bauleitpläne zu erlassen. Die Bauleitplanung hat zwei Bestandteile und Stufen, den **Flächennutzungsplan** als vorbereitende Bauleitplanung und die **Bebauungspläne** als verbindliche Bauleitplanung. Bauleitpläne sind von der Gemeinde aufzustellen, wenn und soweit dies erforderlich ist für die städtebauliche Entwicklung und Ordnung (Planungspflicht). Dies ist bei der gegenwärtigen Bautätigkeit grundsätzlich für alle Gemeinden zu bejahen.

### 8.1.1 Flächennutzungsplan

Der Flächennutzungsplan ist für das gesamte Gemeindegebiet aufzustellen. Er ist ein längerfristiger Plan und soll festlegen, wie die vorhandenen, insbesondere die für die Bebauung vorgesehenen Flächen genutzt werden sollen. Der Flächennutzungsplan kann gemeinsam mit anderen Gemeinden aufgestellt werden, bei Verwaltungsgemeinschaften und bei Nachbarschaftsverbänden ist er von diesen für deren Gebiet aufzustellen. Der Flächennutzungsplan bedarf der Genehmigung durch das Regierungspräsidium.

Die Bauleitpläne der Gemeinde sind den Zielen der Raumordnung und der Landesplanung anzupassen. Als örtliche Planung muss sich diese einfügen. Ziele der überörtlichen Planung sind die im Bundesraumordnungsgesetz verankerten Raumordnungsgrundsätze, die Festlegungen des Landesentwicklungsplans und des Regionalplans. Dazu kommen noch die Fachplanungen des Landes, falls sie verbindlich sind. Bei der Aufstellung von Bauleitplänen sind die öffentlichen und die privaten Belange gegeneinander und untereinander abzuwägen.

### 8.1.2 Bebauungspläne

**Bebauungspläne** sind aus dem Flächennutzungsplan zu entwickeln. Sie sind als Satzung zu beschließen und rechtsverbindlich. Im Bebauungsplan sind Art und Maß der baulichen Nutzung, die überbaubaren Grundstücksflächen und die Verkehrsflächen festzulegen. Dem Bebauungsplan ist eine Begründung beizufügen. Bei unwesentlichen Änderungen ist ein vereinfachtes Verfahren möglich.

Zur **Sicherung der Bauleitplanung** sind der Gemeinde verschiedene rechtliche Möglichkeiten eingeräumt.

- Sie kann durch Satzung eine Veränderungssperre festlegen oder im Einzelfall verlangen, dass ein Bauantrag zurückgestellt wird.
- Der Gemeinde steht für Grundstücke innerhalb eines Bebauungsplangebiets, eines Umlegungsgebiets, eines förmlich festgelegten Sanierungsgebiets und städtebaulichen Entwicklungsbereichs sowie im Geltungsbereich einer Erhaltungssatzung ein allgemeines Vorkaufsrecht zu.
- Durch Satzung kann sie ein besonderes Vorkaufsrecht im Geltungsbereich eines Bebauungsplans an unbebauten Grundstücken sowie für städtebauliche Maßnahmen vorbehalten.
- Zur Durchsetzung der Bauleitplanung hat sie Bau-, Modernisierungs- oder Instandsetzungs-, Pflanz- und Abbruchgebote. Für die Bodenordnung stehen ihr das Umlegungsverfahren und das Grenzregelungsverfahren zur Verfügung.

Das Bauordnungsrecht ist in der **Landesbauordnung** geregelt. Die Aufgaben der Baurechtsbehörde sind Weisungsaufgaben; der Gemeinderat ist nur dann zu beteiligen, wenn Ausnahmen oder Befreiungen von Bebauungsplänen beantragt sind. Hierfür ist das Einvernehmen der Gemeinde erforderlich.

Die **Erschließung von Baugebieten** ist Pflichtaufgabe der Gemeinde. Sie kann jedoch die Erschließung auch Dritten übertragen (Erschließungsvertrag). Zu den Kosten der Erschließung kann die Gemeinde einen Straßenerschließungsbeitrag bis zu 95 vom Hundert von den Grundstückseigentümern verlangen. Die Erhebung der Beiträge ist durch Satzung zu regeln. Für Abwasserbeseitigung und Wasserversorgung kann sie ebenfalls durch Satzung Beiträge erheben.

### 8.1.3 Aufstellungsverfahren für Bebauungspläne

Der Gemeinderat ist in dem komplexen Aufstellungsverfahren mehrfach beteiligt:

1. **Aufstellungsbeschluss des Gemeinderats**
   Erweist sich nach der Prüfung der städtebaulichen und finanziellen Rahmenbedingungen die Aufstellung eines Bebauungsplans als nützlich, wird vom Gemeinderat der Aufstellungsbeschluss gefasst. Mit dem Aufstellungsbeschluss wird das Verfahren in Gang gesetzt. Der Aufstellungsbeschluss wird öffentlich bekanntgemacht. Mit dem Aufstellungsbeschluss werden Maßnahmen eröffnet, um die künftige Planung abzusichern. Baugesuche können bis zu einem Jahr zurückgestellt, eine Veränderungssperre kann bis zu 4 Jahren beschlossen und ein Vorkaufsrecht der Gemeinde beschlossen werden.
2. Bebauungsplanvorentwurf
   Die grundsätzlichen städtebaulichen Vorstellungen werden von der Verwaltung oder einem Planungsbüro in einem Vorentwurf umgesetzt. Bei mehreren Entwürfen kann ein Preisgericht oder eine Beurteilungskommission eine Empfehlung abgeben.
3. Bürgerbeteiligung
   Die Gemeinde ist verpflichtet, die Bürger zu beteiligen. Die Planung liegt dazu in der Regel 1 Monat öffentlich aus. Ferner findet eine öffentliche Darlegung und Anhörung statt. Innerhalb der Auslegungsfrist können von den Bürgern Vorschläge und Wünsche zur Planung eingebracht werden. Parallel dazu erhalten die Behörden und sonstige Träger öffentlicher Belange Gelegenheit zur Stellungnahme.
4. **Beschluss des Gemeinderats über den Bebauungsplanentwurf**
   Die aus der Bürgerbeteiligung und der Beteiligung der Behörden und sonstiger Träger öffentlicher Belange gewonnenen Erkenntnisse werden in den Bebauungsplanentwurf eingearbeitet. Anschließend wird der Bebauungsplanentwurf vom Ausschuss oder Gemeinderat beraten und beschlossen.
5. Öffentliche Auslegung
   Zu dem Bebauungsplanentwurf erfolgt als zweite Stufe der Bürgerbeteiligung die öffentliche Auslegung. Beginn und Ort der Auslegung werden eine Woche zuvor im Amtsblatt amtlich bekannt gemacht. Während der Auslegungsfrist von einem Monat kann auch jeder Bürger Stellungnahmen vorbringen.
6. **Satzungsbeschluss des Gemeinderats**
   Der Gemeinderat wägt die eingegangenen Stellungnahmen ab, wobei die öffentlichen und privaten Belange gegeneinander und untereinander gerecht abzuwägen sind. Kommt der Gemeinderat bei der Abwägung der Stellungnahmen zu dem Ergebnis, dass keine Ände-

rungen mehr notwendig sind, beschließt er den Bebauungsplan als Satzung.
7. Inkrafttreten
Mit der Bekanntmachung des Satzungsbeschlusses tritt der Bebauungsplan in Kraft. Ab dem Zeitpunkt der Bekanntmachung liegt der Bebauungsplan auf dem Rathaus zur Einsichtnahme aus.

## 8.2 Vergabe von Bauleistungen

Zur Sicherstellung der Wirtschaftlichkeit bei der Durchführung von Baumaßnahmen sind die Gemeinden bei der Vergabe von Bauleistungen zur Anwendung der Verdingungsordnung für Bauleistungen (VOB) verpflichtet.

In einem formalisierten Verfahren sind die Bauleistungen auszuschreiben.

Die VOB kennt folgende Vergabearten:

- die **öffentliche Ausschreibung,** bei der nach öffentlicher Aufforderung eine unbeschränkte Zahl von Bietern Angebote einreichen kann,
- die **beschränkte Ausschreibung,** bei der eine beschränkte Zahl von Unternehmern zur Einreichung von Angeboten aufgefordert wird sowie
- die **freihändige Vergabe,** bei der ohne förmliches Ausschreibungsverfahren vergeben wird.

Grundsätzlich ist **öffentlich auszuschreiben,** sofern nicht die Natur der Maßnahme oder besondere Umstände, z.B. technisch schwierige Anforderungen, eine beschränkte Ausschreibung oder eine freihändige Vergabe rechtfertigen.

Eine **beschränkte Ausschreibung** ist zulässig, wenn

- die Leistung nach ihrer Eigenart nur von einem beschränkten Unternehmerkreis ausgeführt werden kann,
- die öffentliche Ausschreibung einen unwirtschaftlichen Aufwand erfordert,
- die öffentliche Ausschreibung durchgeführt worden ist, aber kein annehmbares Ergebnis erbracht hat oder
- die öffentliche Ausschreibung unzweckmäßig ist, z.B. wegen besonderer Dringlichkeit.

Eine **freihändige Vergabe** ist zulässig, wenn

- nur ein Unternehmer in Betracht kommt,
- die Leistung nicht genau beschrieben werden kann (Selbstkostenerstattungsvertrag),

- kleinere Leistungen zu vergeben sind, die mit einer größeren, bereits vergebenen Leistung zusammenhängen,
- die Leistung besonders dringlich ist oder
- eine andere Ausschreibung kein Ergebnis verspricht.

Liegt der Aufwand der öffentlichen Ausschreibung in einem Missverhältnis zur Höhe der ausgeschriebenen Leistung, darf die Gemeinde immer auf die beschränkte Ausschreibung oder die freihändige Vergabe zurückgreifen. Zur Klarstellung sollten **örtliche Wertgrenzen** festgesetzt werden.

Die Gemeinden haben folgende Wertgrenzen einzuhalten (Stand: März 2024)[122]:

- Im Fall der freihändigen Vergabe bei Ausschreibungen bis 20.000 € netto.
- Bei Bauaufträgen liegen die Wertgrenzen für Kommunen bei 6.000 Euro (Direktauftrag), 50.000 Euro (Freihändige Vergabe), 50.000 Euro (Beschränkte Ausschreibung ohne Teilnahmewettbewerb für Ausbaugewerke – ohne Energie- und Gebäudetechnik –, Landschaftsbau, Straßenausstattung), 150.000 Euro (Beschränkte Ausschreibung ohne Teilnahmewettbewerb für Tief-, Verkehrswege- und Ingenieurbau) sowie 100.000 Euro (Beschränkte Ausschreibung ohne Teilnahmewettbewerb für übrige Gewerke).Umfangreiche Leistungen können in Teillose aufgeteilt und diese gesondert vergeben werden. Unterschiedliche Leistungen können in verschiedene Fachlose aufgeteilt und diese gesondert vergeben werden.

Überschreitet der Gesamtauftragswert für eine Baumaßnahme den Schwellenwert von 5,4 Mio. Euro, ist eine europaweite Ausschreibung durchzuführen.

In die engere Wahl kommen nur solche Angebote, die unter Berücksichtigung eines rationellen Baubetriebs und sparsamer Wirtschaftsführung eine einwandfreie Ausführung einschließlich Haftung für Mängelansprüche erwarten lassen. Unter diesen Angeboten soll der Zuschlag auf das Angebot erteilt werden, das unter Berücksichtigung aller Gesichtspunkte, wie z.B. Qualität, Preis, technischer Wert, Ästhetik, Zweckmäßigkeit, Umwelteigenschaften, Betriebs- und Folgekosten, Rentabilität, Kundendienst und technische Hilfe oder Ausführungsfrist, als das wirtschaftlichste erscheint. Der niedrigste Angebotspreis allein ist nicht entscheidend. Ortsansässige Bieter dürfen nicht bevorzugt werden.

---

122 https://wm.baden-wuerttemberg.de/fileadmin/redaktion/m-wm/intern/Dateien_Downloads/Wirtschaftsstandort/Beschaffung-Land/Schwellenwerte_Wertgrenzen_Vergaberecht_Stand_Sep2022bf.pdf

Der Gemeinderat der Gemeinde A hat über die Auftragsvergabe für den Bau der Schule zu entschieden. Nach der Ausschreibung werden ihm folgende Angebote vorgelegt. Alle Bieter sind zuverlässig und fachkundig, die angegebenen Preise wurden von der Verwaltung geprüft:

- Bauunternehmer aus Norddeutschland 2,3 Mio. €
- Bauunternehmer aus der Gemeinde A 2,35 Mio. €
- Bauunternehmer aus der Nachbargemeinde 2,4 Mio. €

Der Gemeinderat ist verpflichtet, dem Bauunternehmer aus Norddeutschland den Zuschlag zu erteilen. Eine Bevorzugung des ortsansässigen Bieters ist unzulässig.

# 9 Zwischengemeindliche Zusammenarbeit

Grundsätzlich haben die Gemeinden ihre Aufgaben allein zu erfüllen. Viele Aufgaben lassen sich jedoch lokal nicht mehr erledigen, sie erfordern eine kommunale Zusammenarbeit. Formen der Zusammenarbeit sind neben Verwaltungsvereinbarungen der Zweckverband und die Verwaltungsgemeinschaft.

Die Zusammenarbeit zwischen den Gemeinden kann sich von der gegenseitigen Unterrichtung und Abstimmung über die gemeinsame Planung bis zur gemeinsamen Durchführung von Vorhaben und dem gemeinsamen Betrieb von Einrichtungen erstrecken. Dafür gibt es zahlreiche Formen mit unterschiedlicher Gestaltung und Wirkung.

## 9.1 Zweckverbände

Das Gesetz sieht als Regelform der zwischengemeindlichen Zusammenarbeit den Zweckverband vor. Zweckverbände können für alle Aufgaben der Gemeinde gebildet werden (freiwillige Aufgaben, Pflichtaufgaben). Ihnen können jedoch nur konkret bestimmte Aufgaben übertragen werden. Zweckverbände sind eigene Körperschaften mit Rechtspersönlichkeit. Die ihnen übertragenen Aufgaben gehen auf die Zweckverbände über und sind nicht mehr von den Gemeinden wahrzunehmen.

Organe des Zweckverbands sind die Verbandsversammlung und der Verbandsvorsitzende sowie – wenn dies in der Verbandssatzung vorgesehen ist – der Verwaltungsrat. Die Verbandsversammlung ist das Hauptorgan des Zweckverbands, sie besteht aus mindestens einem – wenn die Verbandssatzung es vorsieht auch aus mehreren – Vertreter eines jeden Verbandsmitglieds. Vertreter einer Gemeinde ist der Bürgermeister als deren gesetzlichen Vertreter. Die weiteren Vertreter der Gemeinde werden durch den Gemeinderat gewählt, und zwar nach demselben Verfahren wie die Mitglieder beschließender Ausschüsse. Das Stimmrecht in der Verbandsversammlung ist einheitlich auszuüben, es handelt sich um ein gebundenes Mandat. Die Vertreter der Gemeinde unterliegen den Weisungen des Gemeinderats.

Zur Deckung des Finanzbedarfs erhebt der Zweckverband von seinen Mitgliedern eine Umlage, soweit seine sonstigen Einnahmen nicht ausreichen. Der Maßstab für die Umlage ist in der Verbandssatzung zu bestimmen.

Zweckverbände sind insbesondere auf dem Gebiet der Wasserversorgung und der Abwasserbeseitigung üblich.

## 9.2 Gemeinsame selbstständige Kommunalanstalt

Gemeinden und Landkreise können eine gemeinsame selbstständige Kommunalanstalt errichten. Sie verfügt über eine eigene Rechtspersönlichkeit, ihr können sowohl freiwillige als auch hoheitliche Aufgaben übertragen werden.

Organe der Kommunalanstalt sind der Vorstand und der Verwaltungsrat. Der Verwaltungsrat ist das Hauptorgan der Kommunalanstalt. Mitglieder sind kraft Gesetzes die Bürgermeister der beteiligten Gemeinden sowie von den Gemeinderäten gewählte weitere Mitglieder. Die Stimmverteilung auf die einzelnen Gemeinden wird in der Anstaltssatzung geregelt, die von allen Gemeinden beschlossen wird. Die Mitglieder des Verwaltungsrats unterliegen in gesetzlich bestimmten Fällen einem Weisungsrecht des Gemeinderats.

## 9.3 Öffentlich-rechtliche Vereinbarung

Mehrere Gemeinden können hinsichtlich der Erfüllung ihrer Aufgaben vereinbaren, dass eine Gemeinde eine bestimmte Aufgabe für eine oder mehrere andere Gemeinden ausführt. Die abgebenden Gemeinden können sich in der Vereinbarung, die ebenfalls der Genehmigung durch die Rechtsaufsichtsbehörde bedarf, bestimmte Mitwirkungsrechte vorbehalten.

## 9.4 Verwaltungsgemeinschaften

Benachbarte Gemeinden desselben Landkreises können eine Verwaltungsgemeinschaft bilden. Diese ist in zwei Formen möglich:

- als **Gemeindeverwaltungsverband**, der eigene Rechtspersönlichkeit hat, oder
- durch Vereinbarung **(vereinbarte Verwaltungsgemeinschaft)**, bei der eine Gemeinde die Aufgaben für eine andere oder mehrere andere wahrnimmt.

Die Abgrenzung des Bereichs einer Verwaltungsgemeinschaft soll nach der Zahl der beteiligten Gemeinden, den Einwohnerzahlen, der räumlichen Ausdehnung unter Berücksichtigung der örtlichen Verhältnisse und der landesplanerischen Gesichtspunkte so erfolgen, dass die Aufgaben zweckmäßig und wirtschaftlich erfüllt werden können.

Auf die Verwaltungsgemeinschaft findet das für Zweckverbände geltende Recht entsprechende Anwendung, soweit nicht ausdrücklich etwas anderes bestimmt ist. Sie hat die Verbandsversammlung und den Verbandsvorsitzenden als Organe, soweit es in der Verbandssatzung bestimmt ist auch einen Verwaltungsrat. Die Verbandsversammlung besteht aus dem Bürgermeister und mindestens je einem weiteren Vertreter jeder Gemeinde, der vom Gemeinderat aus seiner Mitte zu wählen ist. Ist mehr als ein weiterer Vertreter zu entsenden, so sind diese und dieselbe Zahl von Verhinderungsstellvertretern wie die Mitglieder beschließender Ausschüsse zu wählen.

Der Verband kann Bedienstete anstellen. Die Verwaltungsgemeinschaft berät ihre Mitglieder bei der Wahrnehmung ihrer Aufgaben. Bei Angelegenheiten, die andere Mitgliedsgemeinden berühren und eine gemeinsame Abstimmung erfordern, haben sich die Mitgliedsgemeinden der Beratung durch die Verwaltungsgemeinschaft zu bedienen. Die Verwaltungsgemeinschaft erledigt bestimmte Aufgaben für die Gemeinden verwaltungsmäßig (Erledigungsaufgaben) und erfüllt bestimmte Aufgaben anstelle der Gemeinden (Erfüllungsaufgaben).

Gesetzliche Mindestaufgaben sind

- als **Erledigungsaufgaben** für alle Gemeinden (die Sachentscheidung verbleibt bei den Gemeinden, die Verwaltungsgemeinschaft übernimmt lediglich die technische Ausführung)
  a) die technischen Angelegenheiten bei der verbindlichen Bauleitplanung (Bebauungsplanung) und der Durchführung von Bodenordnungsmaßnahmen sowie von Maßnahmen nach dem Städtebauförderungsgesetz,
  b) die Planung, Bauleitung und örtliche Bauaufsicht bei den Vorhaben des Hoch- und des Tiefbaus,
  c) die Unterhaltung und der Ausbau der Gewässer zweiter Ordnung,
  d) die Abgaben-, Kassen- und Rechnungsgeschäfte;
- als **Erfüllungsaufgaben** für alle Gemeinden (es findet ein Aufgabenübergang von der Gemeinde auf den Verband statt)
  a) die vorbereitende Bauleitplanung (Flächennutzungsplanung),
  b) die Aufgaben des Trägers der Straßenbaulast für die Gemeindeverbindungsstraßen.

Die Rechtsaufsichtsbehörde kann Ausnahmen von diesen Mindestaufgaben zulassen. Durch Verbandssatzung – bei vereinbarter Verwaltungsgemeinschaft in der Vereinbarung – können der Verwaltungsgemeinschaft weitere freiwillige Aufgaben oder Pflichtaufgaben der Gemeinden übertragen werden, soweit nicht gesetzliche Vorschriften entgegenstehen. In Betracht kommen insbesondere die Schulträgerschaft, weitere öffentliche Einrichtungen und die Aufgaben der Baurechtsbehörde. Auf dem Gebiet der Weisungsaufgaben sind den Verwaltungsgemeinschaften einzelgesetzlich weitere Aufgaben übertragen worden, z.B. nach dem Sammlungsgesetz und im Gewerberecht. Die Verwaltungsgemeinschaft kann auf Antrag untere Baurechtsbehörde und – wenn sie mindestens 20.000 Einwohner umfasst – untere Verwaltungsbehörde werden.

Bei der vereinbarten Verwaltungsgemeinschaft ist ein gemeinsamer Ausschuss der beteiligten Gemeinden zu bilden, der anstelle des Gemeinderats der erfüllenden Gemeinde über die Erfüllungsaufgaben entscheidet, soweit nicht der Bürgermeister der erfüllenden Gemeinde kraft Gesetzes zuständig ist oder ihm der gemeinsame Ausschuss bestimmte Angelegenheiten überträgt. Die anderen Gemeinden haben das Recht auf Einspruch gegen die Beschlüsse des gemeinsamen Ausschusses, der mit Zweidrittelmehrheit der Stimmen der vertretenen Gemeinden, mindestens der Mehrheit aller Stimmen, zurückgewiesen werden kann. Beschlüsse über die Flächennutzungsplanung bedürfen der Zustimmung des gemeinsamen Ausschusses mit der Mehrheit seiner Mitglieder.

# Sachregister

**O**



**P**



**R**



**S**



**T**



**U**



**V**

**W**



**Z**